위안이 된다는 것

Was tröstlich ist - ein Inspirationbuch
by Anselm Grün
edited by Rudolf Walter
© 2021 Verlag Herder GmbH, Freiburg im Breisgau

위안이 된다는 것

2022년 7월 7일 교회 인가
2022년 10월 28일 초판 1쇄 펴냄
2024년 7월 22일 초판 5쇄 펴냄

지은이 · 안셀름 그륀
옮긴이 · 황미하
펴낸이 · 정순택
펴낸곳 · 가톨릭출판사
편집 겸 인쇄인 · 김대영
편집 · 박다솜, 강서윤, 김소정, 김지영
디자인 · 정진아, 강해인, 이경숙, 송현철, 정호진
마케팅 · 안효진, 황희진

본사 · 서울특별시 중구 중림로 27
등록 · 1958. 1. 16. 제2-314호
전자우편 · edit@catholicbook.kr
전화 · 1544-1886(대표 번호)
지로번호 · 3000997

ISBN 978-89-321-1835-2 03230

값 18,000원

성경 · 전례문 ⓒ 한국천주교중앙협의회, 2022.

이 책의 한국어 출판권은 (재)천주교서울대교구 가톨릭출판사에 있습니다.
저작권법에 의해 한국 내에서 보호를 받는 저작물이므로 무단 전재와 무단 복제를 금합니다.

가톨릭의 모든 도서와 성물을 '가톨릭출판사 인터넷쇼핑몰'에서 만나 보실 수 있습니다.
http://www.catholicbook.kr | (02)6365-1888(구입 문의)

위안이 된다는 것

나를 살아가게 하는 힘

안셀름 그륀 지음
황미하 옮김

가톨릭출판사

일러두기
· 이 책의 각주는 모두 옮긴이 주입니다.

머리말
몸과 영혼을 유익하게 하는 것

"우리에게 왜 위안이 필요할까?"

현대 철학자 한스 블루멘베르크가 던진 물음입니다. 이어서 그는 이렇게 대답합니다.

"우리는 존재해야 할 뚜렷한 이유를 가지고 있지 않기 때문이다."

이 문장이 지금 우리에게 말하는 것은 무엇일까요? 한스 블루멘베르크는 우리 인간이 처한 상황을 어떻게 이해하는 것일까요? 이 철학자는 인간에게 안정감을 주는 견고한 발판이 없다고 주장합니다. 다른 한편으로 현대인은 자신의 존재 이유를 알지 못한다고 확신합니다. 맞습니다. 현대인은 자신이 존재하는 합당한 이유를 찾을 수 없습니다. 현대인은 자신의 존재 의미에 대해 의혹을 품습니다. 마치 공중에 매달려 있는 듯합니다.

이렇게 자신이 존재하는 이유를 찾지 못하는 이에게는 위안이 필요합니다. 독일어로 '위안, 위로Trost'는 '성실Treue'에서 나왔고, 본래는 '내적 안정'을 뜻합니다. 우리에게는 두 발을 딛고 설 땅이 없습니다. 때문에 우리에게 다시 안정감을 주는 위안이 필요합니다. 자신의 존재 이유를 찾지 못하는 가운데서도 새로운 발판을 찾아내고, 그것을 디디는 사람만이 다시 삶의 기쁨을 누릴 수 있습니다.

위안이 필요하다는 것은 기본적이고도 실존적인 체험으로 이해할 수 있습니다. 그것은 슬플 때나 정신적 고통을 겪을 때, 화나 분노 같은 부정적인 감정이 터져 나올 때에도 알 수 있습니다. 이렇듯 인간에게 위안이 필요하다는 것은 특정한 상황에서도 구체적으로 인지할 수 있습니다.

어떤 아이가 달리다가 넘어져 무릎이 까지고 피가 났습니다. 이를 보고 더럭 겁이 난 아이는 엉엉 울면서 엄마 품에 안깁니다. 어떤 노인은 외부와 단절된 채 홀로 살아갑니다. 곁에서 도움을 주는 사람이 아무도 없기 때문입니다. 누군가는 사랑하는 사람과 사별하고 슬픔에 젖어 있습니다. 다른 누군가는 중병과 씨름하면서 마음의 평정을 잃고 어찌해야 할지 모릅니다. 어떤 사람은 오랫동안 유지해 온 긴밀한 관계가 깨져 고통스럽습니다. 또 다른 사람은 우울증이 심해 그 어두운 감옥에서 빠져나오지 못합니다.

이처럼 자신이 그저 나약하기만 하고 그 어디에도 의지할 데가 없다고 생각할 때가 있습니다. 느닷없이 위안이 필요한 상황에 직면할 때도 많습니다. 누구나 그럴 수 있습니다. 그러나 우리에게는 누군가를 위로할 능력도 있습니다.

위로받지 못한 사람과 위로할 수 없는 사람은 다릅니다. 위로받지 못한 사람은 슬픔에 젖어 있습니다. 하지만 그에게 도움을 주는 사람이 아무도 없습니다. 그는 어둠 속에 있고, 그 어떤 빛도 인지할 수 없습니다. 그는 위안을 기대하지만, 어떤 위안도 받지 못합니다. 아무도 그의 슬픔 속으로 들어가려 하지 않습니다.

'위안, 위로'에 해당하는 라틴어 '콘솔라시오consolatio'는 누군가 내 곁에 있고 나와 함께 있을 준비가 되어 있음, 누군가 나의 외로움 속으로 들어오고 내 곁에 머물 준비가 되어 있음을 뜻합니다. 그런데 많은 사람이 이렇게 위로받지 못하는 것을 견디기 힘들어합니다. 그래서 그들은 일이나 병적 욕망 속으로 달아나거나, 슬픔이나 외로움 같은 감정을 몰아냅니다. 그 감정들이 너무 고통스럽기 때문이지요. 그렇지 않으면 자신을 지지해 줄 만한 사람들을 끊임없이 찾아 나섭니다. 공허함이 채워지지 않는 탓에 그들은 자신에게 큰 도움이 되는 방법들을 놓치고 맙니다.

그러나 사람만이 우리를 위로해 주는 것은 아닙니다. 힘겨운 상황에서 우리에게 유익한 사물도 많습니다. 아름다운 그림이 우리에게 영감을 줄 수 있습니다. 자연 속 장소도 우리를 매혹시킵니다. 어떤 동물과 함께 있거나, 사람들과 함께 노래 부르면서 느끼는 기쁨, 특히 정원에서 일하거나 운동할 때 드는 신체적 힘도 우리 마음을 끌어당길 수 있습니다. 마지막으로는 하느님, 바오로 사도가 말한 바와 같이 "모든 위로의 하느님"이 항상 우리 곁에 계십니다.

위로를 거절하는 사람들은 위로받을 수 없습니다. 예레미야서에 이런 문장이 나옵니다.

"라헬이 자식들을 잃고 운다. 자식들이 없으니 위로도 마다한다."(예레 31,15)

그런 사람들은 자포자기에 빠져 있으며, 아무런 희망도 품지 않습니다. 위안을 주는 말을 받아들일 줄도 모릅니다. 그들은 자신이 처한 상황에 적절히 대처할 수 없습니다. 너무나 고통이 큽니다. 그러나 우리는 이러한 고통을 진지하게 대해야 합니다. 절망, 암울함도 견뎌 내야 합니다. 낙심한 사람 곁에 있는 것, 그를 지지해 주는 것, 당사자에게 그리고 그가 직면한 힘든 상황에 관심을 기울이는 것, 그럴싸한 말로 위로해 주지 않는 것이 서서히 위로가 될 수 있습니다.

고통은 견뎌 내야 합니다. 우리는 고통을 건너뛸 수 없습니다. 그렇지만 누군가 고통을 겪으며 절망에 빠진 사람 곁에 머문다면, 그리고 그가 고통에 대해 한탄하는 말을 묵묵히 들으며 견뎌 낸다면, 절망에 빠진 사람 안에도 다시 희망이 움틀 수 있습니다. 나아가 하느님에 대한 근본적인 신뢰가 생기고, 자신이 그분의 안전한 손에서 결코 떨어져 나가지 않으리라는 깊은 신뢰도 싹틀 수 있습니다.

디트리히 본회퍼의 시가 있습니다. 장례식 때 대다수 유족들은 이 시로 가사를 붙인 노래*를 부릅니다.

- 70명 이상의 작곡가들이 이 시로 곡을 만들었으며, 지그프리트 피츠가 작곡한 노래가 널리 알려져 있음. 우리나라에서는 〈선한 능력으로〉라는 제목이 달려 개신교에서 많이 부르고 있음.

선한 힘으로 신실하고 고요하게 감싸여

보호받고 위로받는 이 놀라움 속에.

본회퍼는 히틀러의 제3제국(1933~1945년, 나치 독일)이 저지른 불의에 저항했고, 그 대가로 죽음을 맞았습니다. 그는 게슈타포 감옥에 갇힌 채 누군가와 대화도 나눌 수 없고 면회도 할 수 없는 매우 힘든 상황에서, 이 비그리스도교적 세상에서 그리스도교적 메시지가 의미하는 바가 무엇인지 곰곰이 생각합니다. 그런 가운데 '선한 힘으로' 위안을 받습니다. 이는 소박한 낙천적 태도가 아닙니다.

이 시 둘째 연에는 "어두운 날들의 무거운 짐은 여전히 우리를 억누르네."라는 내용이 있습니다. 이 시는 그가 감옥에서 쓰고 몰래 전한 어느 편지에 들어 있었지요.* 그는 죽음의 가능성을 예상했지만, 이 무력한 상황에서도 하느님의 힘

- 본회퍼가 죽기 전에 약혼녀에게 마지막으로 보낸 편지에 이 시가 동봉되어 있음.

에 대한 강한 믿음을 갖고 있었습니다.

하느님은 이 세상에 당신의 힘을 드러내 보이셨습니다. 그래서 그는 위안을 받습니다. 마음을 가라앉히지 못한 채 바라보는 이 세상의 고통스러운 현실 한가운데서 자신이 보호받고 있음을 느낍니다. 본회퍼는 세속적인 언어로 하느님에 관해 말합니다. 그러나 그가 이 시에서 제시하는 상像은 모든 이의 마음에 다다릅니다.

일부 신학자들은 '선한 힘'이 우리를 곳곳에서 동반하며 위로하는 하느님의 천사들을 가리키는 표상일 거라고 여깁니다. 이와 관련해 또 다른 신학자들은, 그가 가족에게서 받은 강하고 긍정적인 영향들을 생각했다고 말합니다. 그리고 부모와 형제자매들, 가족의 강한 믿음에 의해서도 자신을 지탱하고 유지할 수 있었을 거라고 덧붙입니다. 그것이 의미하는 바가 무엇이든 간에, '선한 힘'은 하느님에 대한 신뢰를 우리에게 선사하는 위로의 표상, 마음을 움직이는 표상입니다.

러시아의 문호 도스토옙스키는 위안에 대한 아름다운

표상을 묘사했습니다. 그는 《카라마조프 가의 형제들》에서 자식을 잃은 어느 여인과 수도승이 나눈 대화 내용을 기술합니다. 이 여인은 절망에 빠져 수도승을 찾아갔는데, 그는 경건한 말로 위로하지 않습니다. 아이는 저세상에 가서 이제 하느님 안에서 편히 쉬고 있으며 둘은 언젠가 다시 만나게 될 것이라는 말도 해 주지 않습니다. 그렇게 말해 주었다면, 그것은 하나의 위로가 될 수도 있었겠지요.

오히려 수도승은 사랑의 고통을 받아들이라고 조언합니다. 아이가 죽었기에 더 사랑하라며 그녀를 다독여 줍니다. 그런 다음 우리를 위협하는 진짜 절망이 무엇인지 말합니다. 그는 그러한 절망을 '지옥'이라 부릅니다. 그에게 이 말은 저세상의 섬뜩한 상태를 의미하는 게 아닙니다. 여기 지상에서 우리가 만들어 놓는 지옥을 가리키는 것입니다.

"지옥은 사람들이 더는 사랑할 수 없기 때문에 받는 고통입니다."

사랑은 절망을 변화시킬 수 있습니다. 우리를 위로하는 것은 사랑입니다. 사랑이 지금 여기서 희망을 전해 줍니다. 이 사랑에서 내 마음의 어둠을 밝게 비추어 주리라는 희망이 나옵니다.

모든 것에도 불구하고, 모든 게 무의미한 가운데서도 우리는 의미를 찾아냅니다. 두 발을 딛고 선 땅을 앗아 가는 슬픔 가운데서도 다시 견고한 발판을 감지합니다. 사랑은 우리가 어둠 속으로, 고통 속으로, 슬픔 속으로 들어가 그것들을 내면에서부터 바꾸도록 용기를 줍니다. 사랑은 또 우리를 구해 내고 지탱하게 해 줍니다. 이는 그리스도교 신앙의 핵심 메시지이기도 합니다. 예수님은 사랑으로 이 세상의 어둠과 절망 속으로 들어가셨고, 또 그것들을 물리치셨습니다.

중세기의 위대한 신학자 토마스 아퀴나스 성인은 《신학대전》에 들어 있는 〈서른여덟 가지 질문 *quaestio 38*〉이라는 글에서 일곱 가지 위안을 기술했습니다. 그는 이 글에서 신학적 논증은 별반 제시하지 않고, 완전히 인간적인 관점에서 슬퍼하고 '영혼의 고통passiones animae'에 시달리는 이들에게 도움이 되는 것이 무엇인지 바라봅니다. 그리고 즐거움이 주는 위안, 눈물의 해방시키는 힘, 친구들의 따뜻한 동정, 진리 바라보기, 잠과 목욕이 주는 위안에 관해 말합니다. 그런 뒤에야 기도가 주는 위안에 관해 언급합니다.

토마스 아퀴나스에게는 무엇보다 철학적 사고가 중요합니다. 그러나 그가 철학과 나누는 대화는 동시에 심리학과 나누는 대화입니다. 당대의 철학은 말하자면 심리학의 선구자 역할을 했기 때문입니다.

우리에게 위안이 되는 매우 인간적이고 지극히 세속적인 것들이 있습니다. 토마스 아퀴나스는 몸을 진지하게 대합니다. 그에게 위안은 단지 정신적 실재實在만이 아닙니다. 위안은 몸으로도 체험되어야 합니다. 이에 대한 예로는 잠이나 목욕 등이 있겠지요. 목욕은 우리 영혼에도 위안을 줍니다. 토마스 아퀴나스에게 이 모든 것은 하느님께서 우리 인간에게 주시는 선물입니다.

이 책에서 저는 토마스 아퀴나스의 통찰을 비롯해 초기 수도승들이 지킨 전통도 관심을 갖고 다루었습니다. 후자와 관련해서는 《일곱 가지 위로 Die sieben Tröstungen》라는 책에 기술해 놓았으며, 이 책에서도 일부 다루었습니다. 제가 이미 다른 맥락에서 상세히 언급한 것들, 예컨대 걷기, 음악, 놀이, 책 읽기 등과 같은 위안을 주는 요소들도 새로운 관점에서 다시 조명해 보았습니다.

나아가 우리에게 위안이 될 수 있는 것에 관해 곰곰이 생각하는 가운데 다른 것, 가령 특정한 장소와 나무와 꽃 같은 식물, 새나 개 또는 고양이 같은 동물들도 머릿속에 떠올랐고 그래서 이런 자연 세계에 관해서도 기술했습니다. 또한 다른 사람들을 위로하면서 어떻게 해야 우리 자신도 스스로 위로할 수 있는지, 그리고 어떻게 해야 우리 안에 있는 위로의 영의 근원에 다다를 수 있는지도 매우 중요합니다. 그래서 이런 물음들도 자세히 다루었습니다.

독자 여러분이 이 책에 담긴 생각들에 고무되어 각자의 삶에서 특정한 장소와 구체적인 계기들을 여러분에게 도움을 주는 것으로, 하느님도 자비를 베풀어 주시는 분으로 발견하시기 바랍니다. 저는 여러분이 언젠가 위안이 되었던 것, 그리고 위로가 필요할 때 가까이서 위로가 되는 것을 찾아내리라고 확신합니다.

차례

머리말 몸과 영혼을 유익하게 하는 것 … 5

1장 | 빗나간 위로

믿음 • 위로의 시장과 값싼 위로 … 25
겉치레 • 섣부른 위로나 조언은 바람직하지 않다 … 30
비교 • 나의 고통을 다른 사람과 비교하는 것 … 35
광고 • 시장의 약속 … 38

2장 | 결속감에서 얻는 위안

우정 • 친구들의 지지 … 43
함께 • 누군가의 곁에 머무는 것 … 48
포옹 • 말없이 안아 주기 … 53
대화 • 영혼의 밭에 이랑을 만든다 … 55
이야기 • 서로를 나누고 이해하는 시간 … 61
소속감 • 경청하는 관계 … 66
고향 • 영혼의 안식처를 그리워하는 마음 … 68
나이 • 아이처럼 생기 있게, 노인처럼 온화하게 … 74

3장 아름다움 속에 깃든 위안

책 • 영혼의 벗　　　　　　　　　　　　　　　81
독서 • 새로운 세계로 잠겨 드는 일　　　　　85
시 • 세상의 신비를 드러내는 말의 힘　　　89
음악 • 영혼에 울림을 주는 멜로디　　　　　92
합창 • 함께 노래할 때 기쁨의 샘이 흐른다　100
그림 • 마음을 움직이는 아름다움　　　　　104

4장 자연이 주는 위안

자연 • 모든 것과 하나를 이루는 체험　　　111
숲 • 벤치에 앉아 먼 곳 바라보기　　　　　117
나무 • 우듬지 아래서 발견하는 안식처　　119
정원 • 손과 발을 움직이며 일할 때 얻는 힘　122
꽃 • 각박한 세상 가운데서 피어나는 기쁨　125
산책 • 야외에서 여유롭게 걷기　　　　　　129
새 • 경쾌한 지저귐, 삶에 대한 찬미가　　　134
강아지 • 나를 지켜 주는 충실한 동반자　　139
고양이 • 그르렁거리며 걱정을 날려 주는 동물　143
말 • 머리를 흔들며 나를 위로하는 존재　　146
강 • 반짝이는 물결 바라보기　　　　　　　148

5장 | 몸과 영혼에 생기를 북돋아 주는 위안

즐거움 • 우리를 기쁘게 하는 것   **155**
운동 • 땀 흘리며 걱정 씻어 내기   **164**
음식 • 몸과 영혼의 양식   **167**
낮잠 • 활기를 되찾는 시에스타   **171**
걷기 • 단순히 앞으로 나아간다   **174**
놀이 • 즐겁게 노는 일에 푹 빠져 보기   **180**
목욕 • 깨끗하게 상쾌하게   **183**
포도주 • 조금씩 천천히 음미하기   **189**
잠 • 조용한 위로자   **193**

6장 | 내적 원천의 힘

내적 원천 • 영혼 깊은 곳에 이르는 법   **201**
나 • '상처받은 아이' 안아 주기   **204**
눈물 • 우는 것도 치유가 된다   **208**
기억 • 아무도 빼앗을 수 없다   **220**
물건 • 특별한 의미를 주는 것들   **227**
순례 • 길 위에서 힘을 주는 장소   **231**
유머 • 그럼에도 불구하고 웃을 수 있다면   **235**

7장 기도가 주는 위로

고요 · 세상의 소음 가운데 순수하게 머무는 공간　　243
철학 · 참된 위안　　248
진리 · 우리를 자유롭게 하는 것　　253
기도 · 우리 마음을 하느님과 일치시키는 길　　259
하느님 · 위로의 말씀을 건네시는 분　　268
전례 · 믿음의 뿌리, 교회의 위로　　277
성령 · 위로의 영　　283

맺음말　새로운 힘과 희망　　290
참고 문헌　　293
옮긴이의 말　　295

1장

빗나간 위로

 믿음

위로의 시장과 값싼 위로

라이너 마리아 릴케는 자신의 시집 《두이노의 비가》 제10비가에서 종교를 '위로의 시장'이라 일컫습니다. 그는 이 시장에서 위로가 대량 생산된 기성품으로 제공되고 안정제로 팔려 나간다고 비판합니다. 그러나 이 시장에는 공허한 문구들만 진열되어 있습니다. 릴케는 그러한 적절하지 않은 위로를 '공허함의 거푸집'이라고 묘사합니다. 그는 우리에게 고통을 성급하게 건너뛰거나 고통에서 달아나지 말고 고통을 마주하라고 당부합니다. 고통은 우리 삶의 일부입니다.

"고통은 우리의 가을 나뭇잎, 우리의 짙은 상록수, 우리가 보내는 은밀한 한 해의 계절들 중의 한 계절, 그런 시간일 뿐 아니라, 고통은 장소요 거주지요 잠자리요 땅이요 집이다."

어떤 사람이 고통을 겪을 때 "하느님은 당신을 사랑하십니다. 기도하세요. 그러면 모든 게 더 수월해질 겁니다."와 같이 경건한 체하는 말을 건넨다면, 그것은 공허한 위로에 불과합니다. 그러한 위로의 시장에서 위로는 너무 싸게 팔립니다. '값싼' 위로는 죽은 뒤에 하느님께서 그가 겪은 모든 고통을 보상해 주시리라는 것을 암시합니다. 죽은 뒤에 영원한 삶을 더 많이 누릴 거라는 말이겠지요. 이는 그가 저세상에 가서 받게 될 위로일 겁니다.

그렇지만 곤경에 처한 이들은 지금 바로 여기서 위로를 구합니다. 누군가 그럴싸한 말로 그들의 고통을 덮어 버리면, 이는 아무런 도움이 되지 않습니다. 하느님의 도우심을 신뢰하면 모든 게 좋아질 거라고 말한다면, 그것은 그들을 위로하는 게 아닙니다.

사람들은 위로를 언젠가 체험하기를 바라지 않습니다. 경건한 체하는 말과 특히 진실성 없이 미사여구만 늘어놓는 것은 사람의 마음에 스며들지 않습니다. 그렇게 말하는 것은 대개 위로받지 못한 사람의 고통을 멀리하려고 애쓰는 것입니다. 상대방의 고통에 동참하지 않으려고 그러한 말 뒤에 숨어 버리는 것이지요.

그러나 위로라는 것은 하나의 믿음일 수 있습니다. 이 믿음은 고통을 건너뛰지 않습니다. 내가 모든 고통과 함께 하느님의 손안에 있다는 것, 내가 바닥으로 추락하지 않고 떠받쳐졌다는 것을 신뢰하게 합니다.

종교에 비판적인 태도를 보이는 릴케에게도 신적 위로는 인간적인 것 안에, 인간 자신 안에 있습니다. 그래서 그는 1915년 9월 6일에 마리 폰 투른 운트 탁시스 후작 부인에게 보낸 편지에 이렇게 씁니다.

"신적 위로가 인간적인 것 안에 있다는 것은 분명합니다. 우리는 신적 위로와 함께 시작하는 법을 제대로 알지 못합니다. 우리의 눈은 어떤 흔적을 더 잘 바라보아야 하고, 우리의 귀는 더 잘 받아들여야 합니다. 어떤 과일이 내는 맛은 우리를 더 풍요롭게 해 줍니다. 어떤 냄새는 우리가 참아야 합니다. 마음이 움직이고 감동받는 가운데 정신이 더 또렷해지고 덜 잊게 됩니다. 그러고 나서 우리가 경험하는 것들로 위로를 받게 됩니다. 모든 고통은 우리를 뒤흔들 수 있지만, 위로는 고통보다 더 설득력 있고 더 우세하며 더 진실합니다."

이에 비추어 볼 때, 릴케는 하느님에 대한 믿음을 거부하는 것이 아닙니다. 반대로 그는 이 마지막 실재實在이신 분 주위를 평생 동안 돕니다. 그에게 하느님은 우리를 우리 자신에게로, 우리의 내적 신비로 되돌아오게 하시는 분입니다.

믿음이 우리를 우리 자신에게 되돌아오게 할 때, 우리는 내면에서 신적 위로를 체험할 수 있습니다. 감각에 집중할 때, 우리가 보고 듣고 냄새 맡고 만지면서 자연의 신비를 느끼고 그러면서 삶의 신비를 지각할 때 신적 위로를 얻을 수 있습니다. 그러면 오롯이 자기 자신 곁에 있게 됩니다. 릴케에게는 그것이 위로입니다. 위로는 우리가 살면서 겪는 온갖 고통보다 힘이 셉니다.

겉치레

섣부른 위로나 조언은 바람직하지 않다

위로는 언제나 미래를 가리킵니다. 저는 위로가 필요한 사람에게 어떤 희망을 불어넣어 주면서 기대를 갖게 합니다. 저는 그 사람이 현재 겪는 고통에 같이 빠져들지 않고, 미래를 가리킵니다. 순전히 세속적인 관점에서 보면, 그것은 이렇게 말하는 것일 수 있습니다.

"이미 더 나아졌어요. 내일이면 세상이 달리 보일 겁니다."

제가 아는 사람들은 누군가 다음과 같이 하는 말에 깊은 상처를 받습니다.

"휴가를 떠나세요. 그러면 다시 다른 생각이 떠오를 거예요. 그 사람이 세상을 떠난 지 이미 6주가 지났어요. 이제 그만 잊고 앞을 바라보세요."

이와 같은 말을 따르는 것으로는 지금 겪는 고통에 대처하기가 힘듭니다. 이러한 위로는 종교적 색채를 띨 수도 있습니다.

"하늘에서는 모든 게 달라질 거예요. 하느님께서 당신의 모든 눈물을 닦아 주시겠지요. 그러면 당신은 그곳에서 편히 쉴 수 있어요."

더 나은 저세상을 약속하며 이렇게 위로하는 것 역시 슬퍼하는 사람의 고통을 건너뛰려고 애쓰는 것입니다.

저는 상대방의 고통에 관여하지 않습니다. 대신 그를 위로하면서 더 나은 미래를 바라보게 합니다. 그러나 고통받는 이들은 지금 자기를 구속하는 것의 의미에서 위로를 구합니다. 그것은 '거창한' 것이 아니지만 꼭 필요합니다. 독일어로 위로, 위안은 '굳건함Festigkeit', '흔들리지 않음Standhaftigkeit'에서도 유래했습니다.

저는 슬퍼하는 사람 곁에 머물면서 그를 위로합니다. 그 사람을 겉으로만 동정하지 않습니다. 저는 마음을 다해 그의 눈물, 절망, 불안정한 상태, 의미 없는 말을 견딥니다. 그러고 나면 아무 말도 할 필요가 없습니다. 상대방이 처한 곤경, 슬퍼하는 사람을 말없이 견디는 것이 실제로 위로해 주는 일입니다.

위로가 필요한 이에게는 아는 체하는 사람이 아무런 도움이 되지 않습니다. 그런 사람은 고통받는 이에게 앞으로는 모든 것을 다르게 하고 올바르게 해야 한다며 훈계를 늘어놓습니다. 그는 상대방이 직면한 현실을 간과하고 누군가에게 조언을 주며 그 사람 위에 섭니다. 그러면 당사자는 모멸감을 느낍니다.

우울증에 빠진 사람이 "기운 내세요!", "그렇게 처신하지 마세요!", "부정적인 생각들은 떨쳐 버리세요!" 등의 조언을 듣는다면 어떨까요? 슬퍼하는 사람이 "밖으로 나가 산책하거나 기분 전환이 될 만한 재미있는 책을 읽어 보세요!"와 같은 조언을 듣는다면 어떨까요? 마음의 상처를 입은 당사자들은 그런 말을 듣고 무엇을 시작할 수 있을까요?

낙심한 이에게는 먼저 아무 말도 하지 않고 그저 경청해 주는 사람이 필요합니다. 바로 이런 사람이 진정한 위로자입니다. 그는 상대방에게 현명한 조언을 주어야 한다며 자신을 압박하지 않습니다. 그는 아무 말도 하지 않습니다. 그저 말없이 경청합니다. 그러면서 이따금 질문을 던집니다. 슬퍼하는 사람이 자신에 관해 더 많이 말할 수 있도록 그에게 기회를 주는 것입니다. 상대방이 충분히 이야기했다면, 이제 이렇게 물을 수 있습니다.

"무엇이 필요한가요? 무엇이 당신에게 도움이 될 수 있을까요? 제가 어떻게 하면 좋을까요?"

그러고 나면 슬퍼하는 사람은 자신의 슬픔을 서서히 바꿀 수 있는 방법을 스스로 찾아낼 것입니다. 위로하는 사람은 이때 자신은 어찌할 도리가 없다는 것, 자신의 무력함을 견뎌야 합니다. 그런 다음에 도움이 될 만한 어떤 생각이 즉시 떠오르면, 그것을 상대방에게 말해 줄 수 있습니다. 또는 이와 유사한 상황에서 자신에게 도움이 되었던 방법이 무엇인지 들려줄 수도 있을 것입니다. 그러면 그는 슬퍼하는 사람과 같은 영역에 있게 됩니다. 그리하여 실제로 위로가 되는 대화를 나눌 수 있습니다.

 비교

나의 고통을 다른 사람과 비교하는 것

어떤 사람들은 자신의 고통을 다른 사람의 고통과 비교합니다. 그런 다음 이렇게 말합니다.

"남들의 처지가 나보다 더 안 좋군."

"아프리카에서는 사람들이 굶고 있지만, 나는 배부르게 먹고 있어."

그들이 이렇게 말하는 것은 자기 자신을 위로하기 위해서입니다. 겉으로 성공한 것처럼 보이는 사람들도 실제로는 행복하지 않은 경우가 많습니다. 그런 사람들도 대부분 심리적으로나 정신적으로 큰 어려움을 겪는다는 말이 들립니다.

나는 고통 중에 위로를 구합니다. 나의 고통을 다른 사람의 고통과 비교하는 것은 아무런 도움이 되지 않습니다. 물론 다른 사람들을 바라보는 것은 나의 고통을 상대화하는 방법일 수 있습니다. 그러나 나보다 남들의 처지가 더 나쁘다는 것을 알면서 실제적인 위로를 찾지는 않습니다. 지금 내 상태는 좋지 않습니다. 나는 나의 고통도 존중해야 합니다. 그리고 이 고통을 위와 같이 비교함으로써 건너뛰지 말아야 합니다.

영국의 작가 윌리엄 서머셋 모옴은 언젠가 약간 풍자적으로 이렇게 말했습니다.

"자신이 실패했을 때 남들이 실패한 모습을 바라보는 것은 큰 위안이 된다."

그러나 이는 내게 위안이 되지 않을 겁니다. 이런 방식으로는 내가 실패한 것을 마주할 수 없으니까요. 나는 실패로 인해 받게 될 고통을 허용하지 않습니다. 그렇지만 실패로 인한 고통을 허용할 때에만, 그리고 그 실패를 통해 내 삶에 관해 상상한 것들을 깨뜨릴 때에만 실패가 새로운 시작으로 바뀔 수 있습니다. 그렇게 해야만 새로운 가능성들을 향해 출발할 수 있습니다. 그렇게 해야만 새로운 것들을 과감히 시도할 수 있습니다.

 광고

시장의 약속

최근 상업 광고에 관한 연구 논문들은 우정이나 영감, 온기, 행복과 같은 정서적 요소가 상품과 결부되었을 때 그 상품이 대박 났다는 결과를 내놓았습니다. 요즈음 광고는 그러한 정서를 의도적으로 상품과 연결시키고, (때로는 말로 표현하지 않은 채) 위안도 그런 방식으로 내비치는 경우가 숱합니다. 어떤 문제나 어떤 갈망이 호소력 있게 표현되고, 이어서 관련 상품이 해결책 내지 갈망을 충족시켜 주는 것으로 등장하지요. "이 제품을 사용해 보세요. 당신은 더 행복할 겁니다."라는 말처럼 이는 누군가의 마음을 사로잡습니다.

이러한 방식으로 이루어지는 광고에서는 가령 자동차나 세탁기 같은 제품의 품질이나 실질적 기능에 관한 정보를 중요하게 다루지 않습니다. 제품이 구매자 마음에 일으키는 느낌이 중요합니다.

한 자동차 회사는 새로운 승차감을 선사하고, 과세 혜택도 줍니다. 여행사들은 될 수 있는 대로 저렴한 가격에 상품을 내놓지 않습니다. 오히려 행복감을 중요하게 여겨 여행객들을 관광 명소로 안내하고, 아름다운 경치를 즐기게 합니다. 단순한 제품들도 행복감을 불러일으켜야 합니다. 예를 들어 옷의 모든 얼룩을 깨끗하게 지우는 성능 좋은 세탁기가 그렇습니다.

하지만 광고가 약속하는 위안은 실제적인 위안이 아닙니다. 그런 위안은 잠시 좋은 감정을 불러일으킬 수 있습니다. 그러나 지속되지 않을 겁니다. 무엇보다 그 감정은 나의 공허함을 채워 줄 수 없고, 슬픔을 바꾸지 못합니다. 슬픔에 빠져 있으면, 광고가 내거는 구호가 마음에 실제로 와 닿지 않습니다. 그럼에도 광고는 자신이 내거는 구호가 사람들에게 위안이 된다고, 그것이 음울한 일상 안에서 마법처럼 행복한 순간을 만들어 낼 수 있다고 확신합니다.

　일부 그리스도교 단체들도 상업 광고처럼 그러한 구호를 내걸면서 슬퍼하는 이들에게 다가갑니다. 그리고 신앙인들로 구성된 자기네 공동체 안에서 위안을 얻게 될 거라고 약속합니다. 그 단체들이 자신들의 약속을 이행할 수 있을지 없을지를 놓고도 늘 질문이 제기됩니다.

　그러나 큰 도움을 주는 긴밀한 관계, 결속은 사람들이 위안을 얻게 될 거라고 피상적으로 주장하는 것과는 전혀 다른, 더 심오한 것입니다.

2장

결속감에서 얻는 위안

 우정

친구들의 지지

제 상태가 안 좋을 때마다 유념하게 되는 점이 있습니다. 저를 이해해 주는 사람들과 저를 지탱해 주는 사람들이 있다는 것입니다. 이렇게 생각하는 가운데 그들이 저의 고통을 가져갈 수는 없지만 제 곁에 있다는 사실을 깨닫게 되었습니다.

그들은 저를 도와줍니다. 또 저를 위해 자신들이 무엇을 할 수 있는지 묻습니다. 오직 저만을 위해 필요한 공간도 내어 줍니다. 저에게 그들이 실제로 필요할 때에도 그들은 제 곁에 있습니다. 그들은 제가 직면한 상황 속으로 자신들이 들어왔다고 느끼고, 제 편에 섭니다. 이는 단순한 공감 이상을 의미합니다.

때로는 친구들이 제가 처한 상황을 현실적으로 바라보도록 저를 이끌어 주었습니다. 그때 제가 가장 먼저 보인 반응은 저에게 닥친 고통을 상대화하거나, 몰아내거나, 똑바로 바라보지 않는 것이었습니다. 그러나 친구들은 제가 맞닥뜨린 상황과 제가 느낀 실망, 제가 맛본 씁쓸함, 제가 앓는 병을 자신들도 겪었다고 말하면서 제 눈을 뜨게 해 주었습니다.

그러고 나서 저는 용기를 내어 제가 직면한 상황을 똑바로 바라보았고, 고통을 실제로 받아들였습니다. 나아가 고통을 일로 건너뛰지 않게 되었습니다. 친구들이 공감하면서 저를 도와준 일이 먼저 제 고통을 가중시켰지만, 그 뒤에는 마음을 열고 고통과 마주할 수 있었습니다. 그랬기에 고통이 바뀌었습니다.

저는 고통 가운데 저의 본모습과 만났고, 제 삶에서 무엇이 달라져야 하는지 자각하게 되었습니다. 그리하여 고통이 영적 도전으로 다가왔습니다. 그런 가운데 일로 달아나면서 고통을 덮어 버리는 것은 아무런 도움이 되지 않는다는 것을 깨달았습니다. 제가 고통과 슬픔 앞에 서고 그것들을 통과해 제 영혼의 근원에 이르는 것이 도움이 됩니다. 친구들의 동정, 그러니까 그들이 제가 당한 일을 자기 일처럼 생각하며 함께 아파하고 위로해 준 것이 저에게 제 본모습을 마주하게 했습니다. 저의 본모습을 정면으로 바라보는 일은 고통을 가중시켰지만, 그 뒤에야 고통이 경감되었습니다.

토마스 아퀴나스도 친구들의 동정이 우리의 슬픔을 완화시켜 준다고 말합니다. 친구는 우리에 대한 사랑으로 그 무거운 짐을 함께 짊어지기 때문이지요. 토마스 아퀴나스는 이 말을 우정을 기리고 노래했던 고대 그리스인들에게 적용합니다. 아리스토텔레스는 이렇게 말합니다.

"우정이란 서로 오가며 교류하는 사람들이 베푸는 호의다."

어떤 속담은 또 이렇게 표현합니다.

"고통은 함께 나누면 반으로 준다."

진정한 친구는 내가 당한 일을 가슴 아파하고 나를 위로하며, 내가 진 짐을 함께 짊어집니다. 이는 내가 진 짐을 가볍게 하고, 그러면서 나의 부담도 덜어 줍니다. 친구들의 동정 안에서 나는 그들의 사랑을 감지합니다. 사랑은 언제나 기쁨의 근원입니다. 내가 친구들에게서 사랑받는다는 것을 알게 될 때 고통을 더 수월하게 견딜 수 있습니다.

오늘날에도 우정에 대한 갈망은 식지 않았습니다. 그렇지만 인터넷 시대에 특히 젊은이들은 다른 길을 가고 있습니다. 그들은 컴퓨터에서 한 번 클릭함으로써 우정을 확인할 수 있다고 생각합니다. 거기에는 가까움과 멂이 특이한 형태로 혼재되어 있습니다.

현대 철학자 위르겐 미텔슈트라스는 이러한 방식을 물론 회의적인 시각으로 바라봅니다.

"한편으로는 모든 게 가까워지고 눈앞에 있다. 누구나 언제든지 채팅방, 페이스북, 유튜브, 트위터에 접근할 수 있다. 다른 한편으로, 이러한 가까움은 새로운 특성을 지니고 있다. 어떤 의미에서 보면, 이러한 가까움은 중요하지 않다. 끊임없이 많은 사람과 관계하면, 개인 한 명 한 명을 시야에서 놓치게 되고 자기 자신도 놓치고 만다."

 함께

누군가의 곁에 머무는 것

네덜란드의 작가 코니 팔멘은 남편과 사별한 뒤, 자신이 경험한 것에 관해 책을 썼습니다. 《잔인한 해의 항해 일지 *Logbuch eines unbarmherzigen Jahres*》라는 책입니다. 저는 나중에 그녀가 인터뷰한 내용을 듣고 크게 감동했습니다. 그녀는 비통한 경험에 매여 있지 않기 때문입니다.

"친구들 가운데 누군가 남편 또는 아내를 잃으면, 이때 제가 할 일이 무엇인지 압니다. 먼저 큰 냄비에 스프를 만듭니다. 그리고 그것과 함께 몇 가지 물건도 챙깁니다. 이어서 상을 당해 큰 슬픔에 빠져 있는 친구 집으로 향합니다. 그 집에 가서는 당사자에게 거의 아무 말도 하지 않습니다. 슬퍼하는 친구가 찾아오면 자리에 편히 앉게 합니다. 그런 다음 커피를 끓이거나 포도주를 내옵니다. 모든 게 단순합니다."

이러한 경험 가운데 그녀는 우리를 위로하고 연결하는 것은 어떤 거창한 말이나 현명한 말이 아니라, 이렇게 단순한 것들임을 깨닫게 되었습니다.

코니 팔멘의 사례는 우리에게 이런 교훈을 줍니다. 내가 다른 사람들에게 다가갈 때, 내가 그들 곁에 머물러 있을 때, 내가 그들의 절망과 고통, 눈물과 저항을 견뎌 낼 때 나는 그들에게 위로가 됩니다. 말없이 곁에 머무는 것만이 당사자에게 위로가 됩니다.

'불러들이다', '초대하다', '격려하다', '도와주다'를 의미하는 그리스어 '파라칼레인parakalein'도 위로와 뜻이 유사합니다. 나는 상대방이 자신에 관해 이야기할 용기를 내도록 내게로 불러들입니다. 이미 앞에서 언급했듯이, 라틴어 '콘

솔라시오'도 위로와 뜻이 유사합니다. 외로운 사람과 함께 있는 것, 그의 외로움 속으로 들어가는 것, 그를 억압하는 모든 것을 그와 함께 견디는 것을 의미하는 말입니다.

슬퍼하는 이들은 통상적으로 주변 사람들이 자기를 멀리한다고 느낍니다. 그들에게 자신의 슬픔을 함께할 마음이 없기 때문에 그렇게 느끼는 것입니다. 이는 슬퍼하는 사람들에게 상처를 줍니다. 슬퍼하는 이들은 자기를 지지해 주는 사람들, 자신의 외로움과 곤경, 슬픔 속으로 들어가도록 용기를 주는 사람들, 곁에 있어 주고 그러면서 자신과 함께 그 힘든 상황을 제어하는 사람들을 갈망합니다.

이처럼 힘든 상황에서는 당사자들의 고통에 관해 설명할 필요가 없습니다. 말을 많이 할 필요도 없습니다. 상대방 곁에 머물고 그의 슬픔을 함께 견디는 것으로 족합니다. 이때 물론 상대방의 절망을 무시해서는 안 됩니다. 즉시 어떤 의미를 찾으면서 상대방의 무의미한 언행을 넘겨 버려서도 안 됩니다.

로고테라피(의미 요법)의 창시자인 빅터 프랭클은 삶을 견뎌 내기 위한 방법으로 의미 부여의 중요성을 역설했습니다. 그러면서 사랑하는 사람을 잃은 것에 우리가 어떤 의미를 줌으로써 슬픔을 극복할 수 있다고 조언합니다. 하지만 슬퍼하는 이에게는 모든 것이 의미 없게 여겨집니다. 이러한 무의미함을 함께 견뎌야 합니다. 그것을 견뎌야만 우리 두 사람은 언젠가 함께 의미에 대해 물을 수 있습니다. 아이의 죽음이 그 자체로는 의미가 없을 것입니다.

프랭클은 이 의미 없는 죽음에 의미를 부여하는 것이 우리가 할 일이더라도, 슬픔 속에서는 즉시 그렇게 할 수 없다고 말합니다. 이때에는 내적 거리를 두어야 합니다. 그러고 난 뒤에야 내 아이의 죽음에 어떻게 반응하면 좋을지 깊이 생각할 수 있습니다. 큰 불행을 당하여 망연자실한 사람들을 더 다정하게 대하는 가운데 죽음에 어떤 의미를 부여할 수 있을 것입니다.

사랑하는 사람을 잃고서 슬픔에 젖어 있는 것과는 관계없이, 우리는 특정한 사람을 종종 위로로 여깁니다. 그 사람이 존재하는 것 자체가 위로인 것입니다. 우리는 그 사람이 우리를 이롭게 한다고 생각합니다. 그래서 그 사람 가까이에 있기를 바랍니다. 우리는 그에게서 어떤 현명한 말을 기대하지 않습니다. 그저 그 사람 가까이에 있고 싶을 뿐입니다. 그에게서 위안이 되는 무언가가 나오기 때문입니다. 우리는 이 사람도 자신의 경험에 비추어 고통이 무엇인지 알고 있다고 지각합니다. 그리고 이 사람은 우리의 고통에 동참하고 그것을 우리와 함께 견디는 것을 피하지 않습니다. 이는 우리가 직면한 상황을 더 가볍게 만들어 줍니다.

포옹

말없이 안아 주기

한 친구에게서 그의 아버지나 어머니가 돌아가셨다는 말을 들으면, 대부분 그를 그냥 안아 주고 싶은 마음이 저절로 들 것입니다. 그런 상황에서는 보통 할 말을 잃게 됩니다. 그렇지만 이때에는 그 어떤 말을 할 필요도 없습니다.

우리가 슬퍼하는 친구를 말없이 안아 주면, 그 친구는 우리 옆에서 소리 내어 실컷 울 수도 있습니다. 눈물이 흐르도록 내버려 두는 것은 그에게 이롭습니다. 그리고 친구는 자신의 슬픔에 대해 우리가 걱정하지 않는다는 사실을 알아챕니다. 그리고 위로받는다고 느낍니다. '누군가 내 곁에

있다. 이 사람은 나를 도와주고 나의 슬픔과 함께 나를 참아 낸다.'

슬퍼하는 사람을 안아 줄 때에는 당사자가 이에 마음이 열려 있는지 아닌지 알아차리는 예리한 직감이 필요합니다. 상처받은 사람들 중에는 안아 주는 것을 불편해하거나 너무 부자연스럽다고 여기는 이들도 있습니다. 이런 경우에는 상대방의 마음속에 들어가 인지해야 합니다. '어떻게 해야 그의 마음을 편하게 만들까? 다정하게 손을 잡아 주면서 위로의 말을 건넬까?'

슬퍼하는 사람의 얼굴이 빛나면, 지금 그의 상태가 좋다는 것을 알아챌 수 있습니다. 어떠한 경우에도 그 사람에게 끈질기게 달라붙어서는 안 됩니다. 그러나 안아 주는 것이 적절하다고 여겨지면 그렇게 하는 게 좋습니다. 우리는 상대방을 감싸 안으면서 우리가 그 사람 곁에 있다는 것만 전해 주지 않습니다. 그는 우리와 포옹하며, 고통과 슬픔 중에도 하느님께서 자기를 안아 주신다고 느낄 것입니다.

 대화

영혼의 밭에 이랑을 만든다

일이 잘 풀리지 않아 어려움을 겪을 때, 우리는 신뢰할 수 있는 사람과 대화를 나누고 싶어 합니다. 지금 우리의 상태가 어떤지, 무엇이 고통스러운지, 무엇이 우리를 억누르는지 단순하게 이야기하는 것은 유익한 일입니다.

말로 표현하는 것은 생각을 움직이게 합니다. 그저 생각만 하고 있으면, 그 생각의 포로가 됩니다. 생각을 말로 표현하면, 그 생각은 우리를 더 이상 괴롭히지 않습니다. 그것은 초기 수도승들도 이미 깨달았던 것입니다. 그들에게 갖가지 생각과 감정이 덮쳤을 때 대화는 큰 도움이 되었습니다.

우리는 대화 상대가 우리가 품은 문제를 해결해 주리라고 기대하지 않습니다. 그것은 전혀 중요하지 않습니다. 그러나 상대방이 우리를 있는 그대로 받아들이고, 우리의 '우스꽝스러운' 생각과 특이한 감정도 함께 받아들인다고 지각하는 것은 우리에게 좋습니다. 우리는 상대방이 우리에게 관심을 기울이고 우리를 평가하지 않는다는 것을 깨닫습니다.

그는 우리에게서 더 많은 것을 끌어내기 위해 여러 질문을 던집니다. 질문한다는 것은 본래 '우리 영혼의 밭에 이랑을 만든다.'라는 뜻을 담고 있습니다. 질문은 우리를 출발하게 합니다. 그래서 우리는 대화를 통해 우리 자신을 더 잘 알 수 있고, 자신에 관해 더 많이 말할 수 있습니다. 그리고 대화하며 상대방과 교류하게 됩니다.

독일의 시인 프리드리히 횔덜린은 우리 자체가 대화라고 말합니다. 횔덜린은 〈평화의 축제〉라는 시에서 이를 참으로 아름답게 묘사합니다. 횔덜린이 대화에 관해 쓴 시를 읽은 뒤로 저는 대화의 신비에 대해 종종 깊이 생각하게 되었습니다. 또 어떤 대화들은 더 깊이 나누게 되었습니다.

인간은 많은 것을 경험하네.
많은 사람이 천상적인 것을 꼽았지.
우리가 대화한 뒤
서로 들을 수 있게 되었네.

이 짧은 시구에서 횔덜린은 좋은 대화가 이루어지기 위해 필요한 조건들을 우리에게 제시합니다.

첫째, 경험에서 우러나오는 말로 이야기하는 것입니다. 서로 이야기할 때 사람들은 많은 것을 경험합니다. 그러므로 남들이 말한 것을 되풀이하지 않고, 자신의 내면 깊은 곳에서 체험하고 인지하고 예감한 것을 표현하는 것이 중요합니다.

둘째, 천상적인 것에 마음을 여는 것입니다. 횔덜린은 대화가 초월적인 것에 마음을 연다는 뜻으로 그렇게 표현한 듯합니다. 좋은 대화는 천상을 향해서도 늘 마음을 엽니다.

그러면 이야기하는 사람들이 친교를 이룰 뿐만 아니라, 그들이 이야기하며 함께 생각하는 존재, 곧 하느님과도 친교가 이루어집니다.

이제 우리는 단지 대화만 하는 것이 아닙니다. 우리 자체가 대화입니다. 독일어로 '대화Gespräch'라는 말에 들어 있는 접두사 '게Ge'는 공동체, 관계를 표현합니다.

대화를 나누는 가운데 그 무엇이 이루어집니다. 우리는 자신이 이해받고 보호받는다는 것을 느낍니다. 그리고 대화 상대자를 우리를 도와주고 우리를 조건 없이 받아들이는 사람으로 여깁니다.

다음은 성공적인 대화에 관한 두 가지 표상입니다.

첫째, 우리가 단지 대화만 하는 게 아니라 우리 자체가 대화라는 것입니다. 두 사람은 서로 좋게 이야기하는 데에만, 적절히 논거를 대는 데에만, 잘 경청하는 데에만 마음을 쓰지 않습니다.

두 사람 자체가 대화입니다. 그들은 바람직한 대화를

이끌어야 한다는 압박을 받지 않습니다. 두 사람은 진실할 따름입니다. 그들은 각자 자기 옆에 있고, 동시에 상대방 옆에도 있습니다. 그들은 말로 좋은 인상을 주어야 한다는 그 어떤 압박을 받지 않고서 서로 속을 터놓고 이야기합니다.

둘째, 대화할 때 서로에게 좋은 청자가 되려 하지 말고 서로를 나누는 이가 되어야 합니다. 서로에게 듣는다는 것은 이런 뜻입니다. 우리는 상대방에게서 뭔가를 가져옵니다. 서로를 나눈다는 것은 상대방의 출생, 역사, 경험, 기분, 마음을 구체적으로 함께 나눈다는 뜻입니다.

우리는 상대방의 말을 들으면서 그의 출발점, 그의 뿌리에 이릅니다. 그는 그 출발점에서 나왔으며, 자신의 뿌리를 토대로 살아갑니다. 대화하면서 우리는 서로 관계하고 자신의 역사, 출생, 뿌리에 대해서 함께 나눕니다. 그렇게 대화할 때 새로운 것이 생겨납니다. 함께 나눔으로써 공동체, 공감, 관계가 형성됩니다.

대화는 논쟁이나 말싸움, 논증 교환과는 다릅니다. 대화는 잡담이 아닌, 이야기하는 사람들 사이에 관계를 만들어 줍니다. 이야기하는 사람들은 단지 대화만 하는 게 아니라, 그들 자체가 대화입니다. 이러한 긴밀한 관계, 결속 안에 안정감과 위안이 깃들어 있습니다.

이야기

서로를 나누고 이해하는 시간

저는 저를 이해해 주는 친구와 이야기합니다. 친구는 제 얘기를 들으면서 간간이 묻기도 하고 대답도 합니다. 대화는 그렇게 이루어집니다. 저는 제가 이해받는다는 것을 느낍니다. 이렇게 우리는 서로 이해합니다.

말 한마디로 시작된 대화가 끊이지 않습니다. 대화 속에서 우리는 점점 더 깊이 내려가, 우리 영혼을 일깨웁니다. 그렇지만 일상에서는 그런 기회를 잡기가 어렵습니다. 우리는 시간 가는 줄 모르고 서로 이야기하며 단순히 대화에 몰두합니다. 그것은 우리를 기쁘게 합니다. 그래서 늘 헤어질 때는

'참 좋은 시간이었어.' 하고 느낍니다.

저에게 위로가 되었던 좋은 대화들을 떠올려 봅니다. 제 상태가 좋지 않았던 시기에 한 친구에게 제가 안고 있던 문제에 관해 이야기했습니다. 당시 저는 강연할 때면 빈번히 땀을 흘렸습니다. 명상 요법(마음 수련)이나 심리 상담을 통해 그 문제에서 벗어나려고 애썼지만, 아무 소용이 없었습니다. 제 얘기를 들은 친구는 저에게 이렇게 말했습니다.

"왜 그 문제에서 벗어나려고 하지? 자네는 여러 감정을 지니고 있을 뿐이야. 그 감정은 그대로 놔두어도 괜찮아."

이 말이 저를 자유롭게 했습니다. 더 이상 될 수 있는 한 강연을 잘해야 한다는 압박을 받지 않게 되었습니다. 제 감정들을 허용한 것이지요. 그런 가운데 땀을 흘리는 것은 어느 날 갑자기 더 이상 문제가 되지 않았습니다.

이렇게 제가 심각한 문제에 직면했을 때 도움을 준 것은 대화였습니다. 전문적인 상담이 아니라 친구들과 나눈 대화였지요. 때로는 전문적인 상담보다 대화가 훨씬 더 효과적이었습니다.

물론 문제 해결이 목적이 아닌 대화도 많이 나누었습니다. 우리는 중요한 주제들을 다뤘고 서로 이해한다고 느꼈습니다. 자기 생각을 상대방에게 이해시켜야 한다는 압박은 받지 않았습니다. 오히려 대화는 단순하게 이루어졌지요. 우리는 서로 보완했고, 서로 격려했습니다. 말 한마디로 시작된 대화가 끊이지 않는 가운데 우리는 인간의 신비 속으로, 심지어 하느님의 신비 속으로 점점 더 깊이 들어갔습니다. 마치 하늘 꼭대기를 만진 것 같았습니다.

아우구스티노 성인은 《고백록》 제9권에서 어머니 모니카 성녀와 나눈 대화에 관해 기술하며 대화를 주시합니다. 두 사람은 영원한 생명에 관해 이야기했습니다. 그러던 중에 갑자기 하늘이 자기들 위에서 열렸다고 느꼈습니다. 곧 깊은 침묵이 이어졌습니다. 그렇게 침묵하는 가운데 자신들이 이야기했던 것에 두 사람의 마음이 움직였습니다. 그들은 이야기하면서 서로를 위해, 그러나 자신들이 갈망한 것에도 마음을 활짝 열었습니다. 그리하여 두 사람은 이야기하면서 자신들이 갈망한 것과, 삶의 목적이신 하느님과 하나 되었습니다.

아우구스티노가 전하는 이러한 심오함을 모든 대화가 지니는 것은 아닙니다. 그렇지만 진정한 대화가 이루어질 때, '우리 자체가 대화일 때' 영혼의 무거운 짐을 내려놓게 됩니다. 누군가의 마음도 가벼워질 것입니다. 그러한 대화는 암울한 중에도 위로가 됩니다. 그러한 대화는 절망 속에서도 희망을 선사합니다. 그러한 대화는 내가 아주 외롭고 고립되었다고 느끼는 곳에서 공동체, 관계를 형성하게 해 줍니다.

현대인은 아우구스티노가 설명하고, 휠덜린이 의미하는 대화 체험을 하기가 쉽지 않습니다. 우리는 걱정거리에서 벗어나려고 재빨리 전화기를 붙잡습니다. 대화하려면 분명 적절한 타이밍도 필요합니다. 여유도 지녀야 합니다. 나에게 무거운 짐을 지우는 모든 것에서 즉시 벗어나면, 잠시 부담을 덜 수 있습니다. 그러나 대화는 이루어지지 않습니다. 우리에게는 마음 깊은 곳에 있는 그 무엇을 터트릴 시간이 없습니다. 우리는 피상적인 것에 머물러 있습니다.

대화하려면 시간이 필요하고, 보호된 공간과 열린 마음도 필요합니다. 단지 서로 듣는 것에서 그치지 않고 서로를 나눌 준비가 되어 있어야 합니다. 그래야 위안이 되는 대화를 나눌 수 있을 것입니다.

 소속감

경청하는 관계

우리가 하는 말을 사람들이 듣지 않으면 입을 다물게 됩니다. 상담하러 온 어떤 부부가 제 말을 진지하게 받아들이지 않고 흘려들으면, 저를 내적으로 움직이는 것에 관해 말할 마음이 사라집니다. 저는 입을 다뭅니다.

회사에서 동료들이 나의 말을 듣지 않을 때에도 침묵하게 됩니다. 입사 초반에는 대부분 열심히 일합니다. 그리고 개선할 수 있는 부분을 제안하거나 잘 진행되지 않는 일들을 이야기하기도 하지요. 그렇지만 자기가 하는 말을 동료들이 듣지 않으면 서서히 체념하게 되고 움츠러들게 됩니다.

사회 안에도 사람들이 자기네 말을 듣지 않는다고 여기는 일부 단체들이 있습니다. '자기 말이 사람들에게 먹혀들지 않는 이들'은 대부분 공격적입니다. 그들은 과격한 의견을 옹호하고, 사회 분열을 조장합니다. 이렇게 무례한 태도 이면에 숨은 갈망은 결국 남들에게서 이목을 받는 것입니다.

나는 사람들이 내 말을 들을 때 소속감을 느낍니다. 공동체에 속한 느낌이 나를 지탱시키지요. 상대방이 내 말을 경청하고, 나도 그의 말을 경청할 때 이 두 가지가 관계를 형성하고 소속감을 갖게 합니다. 그것은 외로움에 빠진 나를 위로합니다. 사람들은 내 말을 흘려듣지 않습니다. 내 말은 그것을 경청할 준비가 되어 있는 대상을 찾아냅니다. 서로의 말을 경청하는 가운데 상대방과 내적 관계를 맺게 됩니다. 그 사람의 말에 귀 기울이고 그에게 주목하는 가운데 나의 걱정거리와 문제들을 잊게 됩니다. 이는 나에게 유익합니다.

고향

영혼의 안식처를 그리워하는 마음

17세기 중국에서 나온 작품이 있습니다. 〈김성탄* 선생이 전하는 서른세 가지 행복한 순간들〉이라는 제목으로 그 안에 이런 내용이 나옵니다.

한 남자가 긴 여행을 마치고 집으로 돌아오고 있다.
먼저 그는 오래된 성문을 바라본다.

* 金聖嘆, 1610~1661년, 명나라 시대에 문학 비평가이자 작가로 활동했음.

이어서 개울 양쪽에 서 있는 아낙들과 아이들이
　　자신이 쓰는 사투리로 말하는 소리를 듣는다.
　　이것이 행복이 아니겠는가?

　오늘날 우리는 과거와는 전혀 다른 시대에, 다른 문화 안에서 그리고 다른 대륙에서 살고 있습니다. 그렇지만 타지에서 돌아와 우리가 사는 곳, 고향에 가까워질 때면 위와 유사한 상황을 체험하게 됩니다. 고향에 오면 우리에게 위안을 주는 것들이 많습니다. 고유한 향기를 내뿜는 풍경이 있지요. 안전하고 편안했던 체험과 우리 삶의 가장 중요한 첫 경험들을 비롯해 첫사랑에 대한 추억도 있습니다.

　익숙한 경치를 바라보는 것은 눈에 위안을 줍니다. 고향의 풍경을 바라볼 때 우리 마음을 움직이는 것이 무엇인지는 통상적으로 묘사할 수 없습니다. 정겨운 모습, 친숙함, 신비스러움, 편안함이 있을 뿐이지요. 그러나 눈에 위안을 주는 것뿐만 아니라 귀에 위안을 주는 것도 있습니다. 위에 언급된 중국의 현자는 후자에 관해 말합니다. 고향에서 쓰는 사투리가 들리거나 귀에 익은 억양이 감지되면 우리 마음도 움직입니다. 말, 언어, 좋은 감정이 마음을 움직입니다. 우리가 모국어에 관해 이야기하는 것은 이유가 없는 게 아닙니다.

언어는 고향입니다. 이는 우리가 감정과 경험을 표현하는 말에 적용됩니다. 말은 고향을 만들어 냅니다. 이는 말소리, 우리가 쓰는 사투리에도 적용됩니다. 사투리는 마음의 언어입니다. 마음의 지혜는 그때그때 바라보는 경치를 특별한 어법으로도 표현합니다. 말과 그 소리가 경험과 지혜가 되었습니다. 사투리 안에서는 늘 사랑이 함께 울려 퍼집니다. 사투리로 이야기하는 것은 마음속에서 우러나오는 것입니다. 그리고 그것은 사랑으로 가득 채워진 것이지요.

말, 언어에 관해 생각하던 중에 어린 시절 제 주위를 에워싸던 오버바이에른˚적인 것이 고향을 그리워하는 마음을

● 독일 남동부 바이에른주 남쪽에 있는 행정구로, 7개의 구 가운데 하나임.

불러일으킨다는 것을 알아차리게 되었습니다. 프랑켄˚ 지방의 사투리는 저에게 친숙하지만, 이 지방이 저에게는 제2의 고향으로 남아 있을 뿐입니다. 이곳을 완전히 고향처럼 느낄 수는 없었습니다. 어떤 내적 거리가 느껴지기 때문입니다. 이곳에서 쓰는 말은 제가 쓰는 말과 다릅니다.

　강연 때 제가 지금 사는 프랑켄 지방에서 온 듯한 사람들이 말을 걸어오면, 그 억양으로 미루어 그들이 프랑켄 사람임을 알아챕니다. 그러다 강연이나 모임에서 오버바이에른 지방의 억양을 지닌 사람들을 만나면, 즉시 친밀함과 고향을 그리워하는 마음이 생깁니다.

　집에 갈 때면 부모님 산소도 방문합니다. 그곳에서는 고향이 더 진하게 느껴집니다. 그곳에서 부모님은 집에서와는 다른 방식으로 계십니다. 그리고 나서 주변의 다른 산소들도 천천히 둘러봅니다. 비석에 새겨진 이름들을 읽습니다. 일부

● 원래는 중세 독일의 대공령大公領 중 하나였으나, 현재는 바이에른주 북부와 그 인근 지역에 해당함.

고인들은 생전에 저와 친하게 지냈습니다. 이것 역시 저에게 고향을 느끼게 합니다. 제 삶에, 특히 어린 시절에 저에게 중요한 역할을 했던 사람, 곧 선생님들, 이웃 사람들, 본당 신자들, 동창들이 머릿속에 떠오릅니다.

장거리 여행을 마치고 다시 제가 몸담은 뮌스터슈바르차흐 수도원에 돌아올 때면, 집에 있는 것처럼 편안한 마음이 다른 형태로 제 안에서 생깁니다. 수도원 성당의 높은 탑들이 먼저 저를 반깁니다. 주변 경관과 어우러져 조화를 이루는 이 탑들을 바라보며 드디어 귀가했다는 생각이 듭니다. 수도원 회랑을 지나면서, 그리고 동료 수사들을 떠올리면서 저는 고향을 느낍니다. 동료 수사들은 제게 큰 영향을 주며, 항상 이 긴 복도를 지나다닙니다. 수도원 인근의 개천을 따라 죽 이어진 가로수 길을 걸을 때에도 고향이 느껴집니다. 특히 수도원에서 보냈던 첫 시기인 수련기가 떠오릅니다. 그때에는 이 가로수 길을 따라 걸으며 자주 묵상했습니다.

이보다 더 오랜 기억으로 기숙 학교 시절도 생각납니다. 당시 학생들은 체육 교사였던 빌리기스 신부님의 지도 아래

이 가로수 길을 천 미터쯤 되는 트랙으로 이용했습니다. 그때에는 수도원 부속 학교 안에 제대로 된 운동장이 없었고 축구용 부지만 있었습니다.

오늘날 많은 사람이 고향이 없다고 여깁니다. 그럼에도 그들은 고향, 안전함, 사랑, 뿌리를 갈망합니다. 그들은 자기 모습대로 있어도 되는 곳, 소속감을 갖게 하는 곳, 자신이 이해받는 곳을 갈망합니다. 또한 자신을 증명할 필요가 없는 곳, 그러나 자신의 재능과 관심사를 표현할 수 있는 곳도 갈망합니다.

독일어로 '고향Heimat'과 '신비Geheimnis'는 연관성이 있어 보입니다. 지금도 저는 제가 신비 안에, 저 자신과는 비교도 할 수 없는 위대한 것 안에 있을 때에만 집에 있는 듯한 느낌이 듭니다. 이렇게 고향을 그리워하는 마음이 생기는 것은 제 영혼을 유익하게 합니다. 고향은 제 기분을 바꾸어 줍니다. 또한 제가 느끼는 슬프고 고통스러운 감정에도 위안이 됩니다.

※ 나이

아이처럼 생기 있게, 노인처럼 온화하게

  아이들과의 만남, 그리고 노인들과의 만남도 우리 영혼을 특별한 방식으로 움직입니다. 또한 우리를 유익하게 하지요. 그러한 만남은 삶의 다양한 모습과 더불어 우리를 토닥여 주고, 내적으로 자극하며, 더 크고 드넓은 것을 줍니다.
  아이들은 살아 움직이는 사회의 구성원입니다. 아이들은 우리가 품는 확신과 우리가 느끼는 삶의 기쁨의 한 토대이기도 합니다. 친부모 또는 가까운 친척이 세상을 떠나서 슬퍼하는 부모들은 대부분 자녀의 존재를 위안으로 경험합니다. 생기를 지니고 삶의 기쁨을 누리는 아이들은 부모의 슬픔을 몰아냅니다.

외롭고 연로한 할머니 또는 할아버지는 어린 손자, 손녀를 위로로 체험합니다. 평소에는 적막감이 감도는 그들의 집에 아이들이 오면 생동감을 불어넣어 줍니다. 또한 노인들 안에 한때 그들도 아이였다는 생각을 불러일으킵니다. 그리하여 노인들은 어렸을 때처럼 순수한 마음을 지니고 삶을 다시 신뢰하게 됩니다. 모든 것을 새로운 시각으로 바라보게 되고, 자신의 어린 시절을 다른 형태로 다시 체험할 수 있게 되지요.

제가 노인들 옆에서 알게 된 사실이 있습니다. 아이들을 바라볼 때 갑자기 그들의 얼굴이 빛납니다. 할머니는 손자, 손녀를 팔에 안으면서 활짝 웃습니다. 할머니의 얼굴이 갑자기 젊어 보이고 기쁨이 넘칩니다. 할아버지도 이미 파묻힌 것으로 보인 가능성을 다시 자신 안에서 발견합니다.

뮌스터슈바르차흐 수도원에 속한 피정 센터에서 저는 사목 협력자들이 신체적, 심리적, 정신적, 영적으로 자신을 가다듬고 맡은 일을 잘 수행하도록 도움을 주고 싶습니다.

그곳으로 가는 길에 우리 수도원 부속 학교 운동장을 지나게 되는데, 아이들이 서로 노는 모습을 바라보면 기분이 좋아집니다. 아이들은 꾸미지 않은 것, 쾌활하고, 자유로운 무언가를 지니고 있지요. 그래서 저는 이따금 가던 길을 멈추고 서서 그냥 아이들을 바라봅니다. 이 아이들은 존재 자체로 제 안에 삶을 위한 그 무엇을 가져다줍니다. 저는 내면에서 가벼움과 경쾌함, 기쁨을 감지합니다. 그리고 내적으로 굳세어져서 가던 길을 갑니다.

노인들은 전혀 다른 방식으로 위로가 될 수 있습니다. 우리 수도원에도 연로한 수사들이 많습니다. 그들은 여든 살이 넘었고, 아흔 살이 넘은 수사들도 점점 늘고 있습니다. 아흔 살이 넘었어도 여전히 생기 있고, 공동 기도를 바칠 때도 기꺼이 참석하며 온화한 빛을 발산하는 수사들은 우리 후배 수사들에게 좋은 영향을 미칩니다. 제가 사목 상담을 하면서 내담자들이 털어놓는 고통으로 인해 종종 힘들어할 때에도, 그들은 저에게 위로가 됩니다.

이 노년의 수사들을 바라보면 그들이 잘 살았다는 생각이 듭니다. 그들은 수많은 어렵고 힘든 상황을 거쳤습니다. 그들의 삶은 평탄하지 않았습니다. 그러나 지금 그들은 온화함의 빛, 확신의 빛을 발산합니다. 이는 제가 사람들을 영적으로 동반하면서 직면하는 문제들을 상대화시킵니다.

예전에 수도원의 재정 관리자로 일했을 때, 저는 늘 경제적 사안들을 다뤄야 했습니다. 당시 오래된 건물을 재건축하게 되었는데, 이와 관련해 큰 충돌이 빚어졌습니다. 첫 번째 회의는 성과도 없이 끝났지요. 이에 저는 사기가 저하되었고, 그 프로젝트에 뛰어들 마음이 더 이상 없었습니다. 그때 한 나이 든 수사가 제 사무실에 찾아와 저를 위로해 주었습니다. 모든 것을 그렇게 진지하게 대하지 말라는 조언과 함께 다음번 회의에서는 분명 분위기가 달라질 거라고 했습니다. 이 말은 제게 도움이 되었습니다. 이렇듯 우리 수도원의 연로한 수사들은 젊은 수사들에게 하나의 위로가 됩니다. 물론 연로한 수사들이 다 그런 건 아닙니다. 온화함을 발산하고 노년의 지혜를 지닌 원숙한 수사들만 그렇습니다.

아이들은 앞을 향해 나아갑니다. 아이들이 지닌 가능성은 무한하고, 그들의 얼굴에서는 확신의 빛이 뿜어 나옵니다. 노인들은 많은 경험을 쌓았고, 자신들의 삶을 주도할 수 있었음을 보여 줍니다. 모든 공동체 안에 이러한 생기 넘치는 모습을 보이는 아이들이 있고, 확신과 화해의 빛을 발산하는 노인들도 있습니다. 아이들과 노인들은 우리가 사는 세상에 하나의 복입니다. 그리고 고통당하는 이들에게는 하나의 위로가 됩니다.

3장

아름다움 속에 깃든 위안

책

영혼의 벗

우리 인간처럼 책도 때로는 자극을 주고 지혜를 선사하며 관심을 불러일으킵니다. 널리 알려진 서적 수집가인 알베르토 망구엘은 이렇게 말했습니다.

"병들어 쉴 때 사람들은 침대 옆에 책을 두고 싶어 합니다. 책도 환자의 침대 옆에 있기를 바랍니다. 저도 아파서 쉬는 동안 《돈키호테》를 곁에 두었습니다. 이 책은 단순하고 흥미로운 내용을 담고 있지만, 결코 가볍지는 않지요."

망구엘은 이 책을 '집에서 만든 일품요리Hausmannskost'이자 '영혼의 위로자'라고 표현합니다.

살면서 특정한 상황에 직면했을 때 책이 위안이 되었다고 생각하는 사람들이 많습니다. 위안이 되는 것은 사람마다 다를 수 있습니다. 그러나 자신의 상황이 안 좋을 때 대다수 사람들은 '자기' 책을 손에 쥡니다. 책을 읽으면서 보내는 시간이 그들을 이롭게 합니다. 그리고 그들을 압박하는 문제에서 벗어나게 합니다.

책을 읽으며 자신의 세계에 잠기는 것은 많은 사람에게 큰 위안이 됩니다. 책을 읽는 것은 그들을 자유롭게 하고, 그들이 인지하는 것을 변화시키고 넓혀 줍니다. 그러나 아름답게 채색된 삶을 묘사하는 책들만 있는 것은 결코 아닙니다. 조기 독서 교육을 강조하는 정신과 의사 요아힘 바우어는 간결하게 말합니다.

"고통을 운명을 함께한 것으로 인식할 수 있는 것도 위로가 된다."

헤르만 헤세가 쓴 한 아름다운 시의 제목도 〈책〉입니다. 책은 우리를 참된 자아로 이끌어 주고 싶어 하는 동반자일 수 있다는 것이 이 시에서 잘 드러납니다.

이 세상의 모든 책이

그대에게 행복을 안겨 주지는 못하네.

그러나 책은 그대에게 은밀히 가르쳐 주네.

그대 자신으로 돌아가라고.

그대가 필요로 하는 모든 것이

그대 자신 안에 있네.

해와 달과 별,

그대가 찾던 빛은

그대 자신 안에 있으니까.

갖가지 책 속에서

그대가 오랫동안 찾던 지혜가

지금은 책장 하나하나에서 빛이 나네.

이젠 지혜가 그대 것이니까.

책의 좋은 점이자 책이 주는 선물은 이렇습니다. 책은

우리와 '관계있는' 이야기들을 전해 줍니다. 그리고 이런 방식으로 우리가 지혜롭고 풍요로운 영혼과 교류하게 합니다. 책을 읽으면서 자신에게 말을 거는 것을 습관으로 만들면, 그것은 우리의 지혜가 됩니다. 이제 그 지혜는 우리를 위로해 줍니다.

 독서

새로운 세계로 잠겨 드는 일

병상에 누워 쉬는 동안에만 책이 필요한 건 아닙니다. 어린 시절을 힘들게 보낸 많은 사람이 그 당시에 독서가 큰 도움이 되었다고 제게 이야기했습니다. 그들은 책이 전해 주는 전혀 다른 세계에서 내적 자유를 느꼈습니다. 그들에게 지대한 영향을 미친 것은 부모의 세계가 아니라, 책을 읽으면서 그들에게 열린 새로운 세계였습니다.

그들은 가족에게 받았을 멸시나 상처에 매이지 않았습니다. 책을 읽으며 영웅, 연인, 자신의 삶을 주도한 사람들의 세계로 잠겨 들 수 있었습니다. 그리고 자신의 잠재된 가능성을 깨달았습니다. 수많은 위험을 물리치는 영웅은 그들 안에도 있기 때문입니다. 그러한 체험을 할 수 있는 사람들은 가족이 만든 비좁은 세계에서 벗어나 주도적인 삶을 살게 됩니다.

연인, 사랑하는 사람은 그들 안에도 있습니다. 사랑의 약속은 사랑에 대한 그들의 갈망을 톡톡 건드립니다. 이렇듯 독서는 그들이 어린 시절을 살아내기 위해 꼭 필요한 것이었습니다. 이는 비좁았던 어린 시절을 생각과 감정의 세계로, 지혜와 사랑과 봉사의 세계로 그들을 이끌었습니다.

저도 책을 즐겨 읽습니다. 편안한 의자에 앉아서 읽는 것을 선호하는데, 이때 두 발을 탁자 위에 올려놓기도 합니다. 이런 자세로 책을 읽으면 휴식을 취하는 것과 같습니다. 평소 열심히 일하는 시간에 대해 받는 위안과도 같지요. 예전에 공부하거나 연구하기 위해 필요했던 신학 서적들도 지금은 이렇게 긴장을 푼 자세로 읽습니다. 그래서 이 시간이 마치 휴가를 보내는 것처럼 느껴집니다.

많은 사람에게 독서는 긴장을 풀거나 기분을 전환하는 것으로 그치지 않습니다. 힘겹게 살아가는 삶에 큰 위안이 됩니다. 어떤 사람들은 아침마다 책의 짧은 대목을 읽습니다. 그리고 나면 하루가 달리 시작됩니다. 그들은 외부 일정이나 남들의 기대치에 영향을 받지 않고, 독서를 통해 자신의 영혼 그리고 자신의 가능성에 대해 탐색합니다. 그리하여 더 희망 찬 하루를 보내게 되지요.

좋아하는 책을 침대 옆 탁자 위에 놓아두는 사람들도 있습니다. 그들은 그 책의 짧은 대목을 읽은 뒤에 하루를 마무리합니다. 그러면 온종일 자신을 괴롭혔던 많은 걱정거리가 누그러집니다. 이 밤에 그들은 자기 영혼의 세계로, 책을 읽으면서 접촉했던 그 세계로 잠겨 듭니다.

날마다 10분 정도 시간을 내어 책을 읽으면서 틀에 박힌 일상에서 벗어나고 그 안에서 자신을 느낀다면, 이것으로 이미 충분합니다. 자신을 지각하는 것만으로도 내면에서 뭔가가 달라집니다. 그들은 자신 안에서 일어나는 어떤 변화를 서서히 알아차리게 될 것입니다. 하지만 이렇게 감화를 일으키는 책을 읽더라도 이 책 안에 담겨 있는 모든 것을 이루겠다는 의지가 앞서는 것은 아닙니다.

책 읽기의 가장 중요한 첫 행보이자 본디 위안이 되는 것은 우리가 다른 관점들을 지니고, 다른 세계로 잠겨 들고, 이 다른 세계에서 우리 영혼과 만나는 것입니다. 이는 우리에게 유익합니다. 이제부터 어떤 것들은 새롭게 그리고 달리 보게 될 것입니다. 평소에는 우리가 해결하지 못했을 문제들도 더 수월하게 극복해 낼 것입니다.

우리 영혼은 무엇이 자신을 이롭게 하는지 잘 압니다. 우리 영혼은 때때로 자신이 아는 것을 확인하기 위해 외부에서 어떤 자극을 받아야 합니다. 그렇게 우리는 책을 읽으며 말로 표현할 수는 없지만 우리가 이미 지각한 그 무엇을 발견합니다. 책과 만나면서 우리가 본래 생각하고 느끼는 것, 그리고 우리 삶으로 표현하고 싶은 것을 더 또렷이 보게 됩니다. 그것을 확인하는 일은 우리에게 유익하고, 또 지속적으로 도움이 됩니다.

시

세상의 신비를 드러내는 말의 힘

시는 우리 마음을 어떻게 움직일까요? 시의 신비는 존재하는 그 무엇을 말로 표현하는 것에서 그치지 않는다는 것일 겁니다. 스위스의 시인 필립 사코테는 세상을 드러내는 말을 찾아내는 것이 시의 본질이라고 했습니다. 즉 세상의 신비, 사물 뒤에 혹은 안에 있는 실재實在를 가리켜 보이는 것이지요.

시는 우리가 인지하는 것을 의식하게 하고 확장시켜 줍니다. 그리고 우리를 눈앞에 있는 세상과 다른 세계로 데려갑니다. 그리하여 우리가 지금 삶을 다른 관점에서 바라보게 합니다. 유한한 것 뒤에서 아름다운 것이 빛날 수도 있고, 가장 단순한 사물 뒤에서 지고한 진리가 가시화될 수도 있지요.

시가 우리의 곤경과 고통을 묘사할지라도, 시 안에는 늘 희망이 반짝 빛납니다. 그리고 종종 위안도 반짝입니다. 이것을 헤르만 헤세는 〈위안〉이라는 제목을 붙인 시에서 인상 깊게 표현했습니다.

> 살아온 많은 세월이 흘러가고
> 아무런 의미도 남기지 않았네.
> 간직할 아무것도,
> 즐거워할 아무것도.
>
> 수많은 모습을
> 시간의 흐름이 나에게로 실어 왔네.
> 어느 것 하나도 붙잡아 둘 수 없었네.
> 어느 것 하나도 나를 좋아하지 않았네.

그것들이 나에게서 빠져나가도

내 마음은 모든 시간을 뛰어넘어

깊고 신비스럽게

삶의 정열을 느끼네.

이 정열은 의미도 목표도 없지만

가깝고 먼 모든 것을 알며,

놀고 있는 아이처럼

순간을 영원한 것으로 만드네.

이 시는 앞부분에서 암울한 현실을 묘사합니다. 그러나 '삶의 정열'을 느끼는 가운데 얻는 위안도 우리에게 내비칩니다. 우리가 생기 넘치고 순간에 완전히 몰입할 때, 모든 것은 우리를 위해 드넓어지고 순간은 영원한 것이 됩니다. 이 순간 우리는 위안을 느낍니다. 좋은 시는 그것을 전해 줄 수 있습니다.

 음악

영혼에 울림을 주는 멜로디

음악은 제게 위안이 됩니다. 또한 기쁨을 줍니다. 저는 주일 저녁이면, 때로는 주일 낮에도 시간을 내어 의식적으로 음악을 듣습니다. 옆방 수사들에게 방해가 되지 않도록 헤드폰을 낀 다음 저를 완전히 음악에 내맡깁니다.

제가 자주 듣는 곡은 바흐가 작곡한 칸타타*입니다. 모

● 하나의 줄거리가 있는 내용을 몇 개의 악장으로 나누어 구성한, 규모가 큰 성악곡.

차르트나 쉬츠˚ 또는 헨델의 성음악도 즐겨 듣습니다. 저는 눈을 감고, 이어서 음악이 몸 안으로 들어오게 합니다. 그런 가운데 제가 사랑으로 감싸여 있음을, 동시에 사랑으로 가득 채워져 있음을 느낍니다. 노래로 한 말은 그냥 한 말보다 마음을 더 강하게 두드립니다. 노래로 한 말 안에서 말의 본질이 울려 퍼지고, 사람들이 노래 부르지 않을 수 없을 것처럼 느껴집니다.

제가 자주 듣는 아리아들이 있습니다. 저는 그 아리아들을 들으면서 고향에 온 것처럼 편안함을 느낍니다. 대림 시기에는 소프라노 아리아 〈마음을 열어라, 온 마음을. 예수님이 오신다, 그분께서 들어오신다〉를 즐겨 듣습니다. 이 아리아는 〈오소서, 이방인의 구세주여〉라는 제목의 칸타타 BWV(바흐 작품 번호) 61번에서 발췌한 것입니다. 이 아리아 안에는 대림의 정수精髓뿐만 아니라 제가 일궈 온 영성의 정

● 17세기에 활동한 독일의 작곡가로 교회 음악에 헌신했음.

수도 들어 있습니다. 예수님이 들어오실 수 있도록 마음을 여는 것이 중요합니다. 아리아를 듣는 가운데 그렇게 됩니다. 따로 애쓸 필요가 없습니다. 그렇게 되도록 자신을 내맡기기만 하면 되는 것입니다.

이따금 음악회에 초대받아 가거나, 수도원 성당에서 대규모 콘서트가 열릴 때가 있습니다. 이때 저는 두 가지 관점에서 음악을 감상합니다. 악기를 연주하는 이들을 바라보면서 감상하거나, 눈을 감고 단순히 들으면서 감상하는 것입니다. 바이올린이나 플루트 연주자들이 혼신의 힘을 쏟으면서 연주곡을 생생히 표현하는 모습을 바라보면 제가 듣는 곡이 다르게 와닿습니다. 그리고 곡 안에서 열정이 느껴집니다. 저는 눈을 감고 몰입하면서 연주곡을 듣습니다.

그런 가운데 현대 철학자 마르틴 하이데거가 "듣는 것은 안정된 상태로 이끈다."라고 표현한 것을 직접 체험하게 됩니다. 이어서 저는 시간과 영원이 조화롭게 일치하는 세계를 경험합니다. 음악은 시간 안에서 울려 나옵니다. 음악을 듣는 가운데 시간이 멈춰 섭니다.

때때로 다른 지역에서 강연하기 위해 차를 몰고 갔다가 밤에 수도원으로 돌아올 때면, 차 안에 비치해 둔 CD를 즐겨 듣습니다. 바흐의 칸타타를 듣고, 모차르트가 작곡한 성음악도 듣습니다. 그날 낮에 무언가에 대해 화가 났을 때는 모차르트의 오페라도 즐겨 듣습니다. 이 곡은 저를 기쁨과 사랑의 세계로 데려갑니다. 〈피가로의 결혼〉에 등장하는 이발사 피가로가 부르는 아리아 〈당신이 춤을 추시겠다면Se vuol ballare〉은 저에게서 부정적인 것을 모두 끄집어내어 던져 버리고 그것과 거리를 두게 합니다. 이 오페라는 저를 일상의 무거운 짐에서 해방시키고 사랑의 세계에 마음을 열게 합니다. 이 오페라에 나오는 수산나 또는 백작 부인이 부르는 아리아도 저를 사랑의 세계로 데리고 들어갑니다.

음악은 마음속을 파고듭니다. 음악은 형태를 갖춘 아름다움, 틀이 잡힌 정서입니다. 음악은 울려 나오다가 다시 울림이 멎으면서 우리 안에 여러 감정을 불러일으킵니다. 때로 그 감정들은 단순히 좋고 유쾌합니다. 음악이 자아내는 분위기가 우리에게 전해지면 우리 기분을 바꾸기도 합니다.

모차르트의 음악 안에서 우리는 두 가지 감정을 동시에 인지할 수 있습니다. 슬픔과 기쁨입니다. 모차르트의 음악은 단지 피상적인 쾌활함만 표현하지 않습니다. 깊은 우울함이 표현된 대목도 많습니다. 그러나 이 우울함은 기쁨이 슬픔보다 강하다는 확신으로 바뀝니다. 그 안에서 모차르트의 낙천적 영성이 드러납니다. 결국 그것은 하느님의 사랑에 대한 신뢰입니다. 하느님의 사랑은 모든 인간적인 절망의 심연을 뚫고 그것들을 변모시킵니다.

수도자들은 하루에 다섯 번 시편 기도를 노래로 바칩니다. 이렇게 시편 기도를 노래로 바치는 가운데 묵상을 위한 멜로디가 느껴집니다. 이때 많은 것을 생각할 필요는 없습니다. 노래에 오롯이 자신을 내맡기면 됩니다. 저는 노래로 시편 기도를 바치는 것을 좋아합니다. 불쾌하거나 우울한 기분을 몰아내기 때문이지요. 초기 교부들은 이미 이 체험을 했습니다. 예를 들어 바실리오 성인은 시편 기도를 노래로 바치면 우리가 슬픔에서 벗어나고 영혼을 즐겁게 하며 마음속 소란함을 잠재울 수 있다고 여겼습니다.

우리는 종종 자신 안에서 여러 생각과 감정의 압박, 그것들이 정체되어 있다고도 느낍니다. 하지만 이를 설명할 수 없습니다. 그것이 어디서 왔는지, 그것이 무엇과 연관되어 있는지 모르기 때문입니다. 시편 기도를 노래로 바치는 것은 이렇게 정체된 감각에서 우리를 해방시킵니다. 그리고 우리가 기쁨 같은 긍정적인 감정을 느끼게 합니다.

우리 안에는 긍정적인 감정과 부정적인 감정, 기쁨과 슬픔, 신뢰와 두려움, 만족과 분노, 사랑과 미움이 공존하고 있습니다. 그러나 우리는 대체적으로 부정적인 감정들에 꽂혀 있습니다. 그리고 그 감정들이 우리 안에 있는 유일한 실재라고 생각합니다. 실제로 우리는 이로 인해 영혼 깊은 곳에 있는 긍정적인 감정들과 단절되고 맙니다. 걱정거리가 지우는 무거운 짐 때문에 긍정적인 감정들이 숨어 있을 때가 많습니다.

우리는 노래하면서 기쁨, 희망, 갈망, 사랑 같은 긍정적인 감정들과 교류합니다. 이로써 부정적인 감정들은 우리를 지배하는 힘을 잃고 맙니다. 우리는 노래하면서 기쁨과 사랑의 감정에 빠져들 필요가 없습니다. 노래하는 것에만 몰입하면, 곧이어 우리 안에서 기쁨과 갈망이 생겨납니다.

저는 학창 시절에, 수도원에 들어와서도 처음 몇 년 동안은 첼로를 즐겨 연주했습니다. 그러나 그 후로는 첼로 연주에 소홀해졌습니다. 그러다가 몇 해 전에 첼로를 선물로 받았고, 이를 계기로 다시 첼로를 연주하기 시작했습니다. 여전히 잘 연주하지는 못하지만, 첼로에서 울려 나오는 듣기 좋은 음을 즐깁니다. 그 음은 제 영혼 안에 다른 정서를 가져다줍니다. 그리고 전혀 다른 존재를 향한 갈망과, 종국엔 하느님을 향한 갈망을 피어나게 하지요.

피아노 연주자들은 슬플 때 피아노 앞에 앉아 즉석에서 곡을 연주합니다. 그들은 즉흥곡 안에서 자신의 감정을 표현합니다. 그렇게 연주하는 가운데 감정이 바뀝니다. 지금 어떤 기분인지에 따라서 특정한 곡을 연주하는 이들도 있습니다. 그들은 그 곡이 자신의 슬픔을 몰아내거나 화를 풀게 하거나 우울한 기분을 밝게 해 준다고 느낍니다.

예전에 바이에른주에서 문화 교육부 장관을 지낸 한스 마이어가 아름다운 이야기를 들려주었습니다. 그는 오르간을 연주하며 시간을 잊었습니다. 연주를 마친 뒤에야 놀랍게도 자기가 여섯 시간이나 오르간을 연주했다는 것을 알았습니다. 음악이 그를 꽉 붙들었던 것입니다. 그는 그렇게 열심히, 또 자기를 잊은 채 오르간 연주에 몰입했습니다. 시간은 저절로 흘러갔고, 그에게는 더 이상 시간이 존재하지 않았습니다. 이는 분명 음악이 특별히 우리에게 주는 위안이기도 합니다.

음악은 시간을 넘어 우리를 위로 들어 올립니다. 음악은 유한함과 덧없음을 잊게 해 줍니다. 음악은 우리를 끌어내어 초월적인 것, 영원한 것을 향하게 합니다. 우리가 음악 속에서 자신을 잊을 때, 영원한 것은 이미 우리 곁에 와 있습니다.

 합창

함께 노래할 때 기쁨의 샘이 흐른다

우리가 어떤 곡을 연주할 때, 그 음악이 외부에서 우리 안에 들어오는 것이 아니라 마치 우리가 음악 안에 있는 듯합니다. 음악은 그 곡을 연주하는 이들 안에 있습니다. 그러면서 음악과 그 곡을 연주하는 이들은 하나가 됩니다.

어느 합창단에서 활동하는 사람들에게 들었는데, 노래하는 것이 자신을 이롭게 한다고 합니다. 마음이 억눌린 상태로 노래를 연습하러 갔어도, 연습 시간이 끝난 뒤에는 만족한 얼굴로 다시 밖으로 나오는 것입니다. 노래하는 것은 우리를 기쁨의 샘과 교류하게 합니다. 영혼 깊은 곳에는 기쁨의 샘이 흐르지만, 바짝 마른 것처럼 보일 때가 많습니다. 걱정과 두려움, 일상적인 문제들로 그 샘이 매우 두껍게 덮여 있기 때문입니다.

우리는 노래하면서 자신을 나타낼 수 있습니다. 다시 말해 목소리를 밖으로 내어 울려 퍼지게 하면, 우리가 내는 목소리 안에서 그 무엇이 울리기 시작합니다. 목소리는 우리를 자신과 일치하여 조화를 이루게 하는 내적 공간으로 데려갑니다. 이렇게 우리 자신과 일치하는 가운데 하느님과도 조화롭게 일치합니다. 이제 우리는 그분과 하나가 됩니다. 이는 우리에게 위로가 됩니다.

이미 고대 그리스인들은 노래하는 것과 기쁨의 연관성을 인식했습니다. '합창'에 해당하는 그리스어 '코로스Choros'는 '기쁨'을 뜻하는 '카라chara'에서 유래했다고 플라톤이 말했습니다. 합창은 우리를 우리 안에 있는 기쁨과 만나게 합니다. 아우구스티노 성인은 노래하는 것과 사랑과 기쁨의 연관성을 고전적으로 표현합니다.

"노래하는 사람은 단지 찬미하는 것에서 그치지 않는다. 그는 또한 기쁘게 찬미한다. 찬미하며 노래하는 사람은 단지 노래하는 것에서 그치지 않는다. 그는 자신이 노래를 바치는 대상도 사랑한다."

예전에 로마에서 연학했던 4년 동안 저는 성가대에서 단원들과 함께 노래를 불렀습니다. 성가대를 지도한 고데하르트 요피히 신부님은 음악적 재능이 뛰어났으며, 아마 그레고리오 성가를 가장 잘 해석한 전문가들 가운데 하나였을 것입니다. 신부님은 연습 시간에 아름다움에 대해, 합창의 영적 심오함에 대해 알려 주시며 우리를 열광시켰습니다. 그리고 합창곡이 가사 한마디 한마디를 위해 작곡되었기에 그 이로운 효과를 우리 귀로 느낄 수 있다는 것도 설명해 주었습니다.

당시 우리 성가대원들이 사순 제5주일 미사 때 화답송을 어떻게 불렀는지 지금도 생생하게 기억합니다. 그 화답송은 3부 합창으로 구성되었고, 천상과 지상이 연결되어 있음을 표현하는 내용이 담겼습니다. 특히 끝부분 가사가 제 마음을 크게 움직였습니다.

"당신께서는 불의한 자에게서 저를 구해 내시리이다 a viro iniquo eripies me."

마지막 단어 '메(me, 저를)'가 저에게 위로가 되었습니다. 그래서 노래하는 동안 위로가 제 안으로 들어왔지요. 다른 사람들도 그러한 경험을 할 것입니다.

함께 노래하는 것은 우리를 음악의 신비에 동참하게 합니다. 그것은 공동체, 관계를 형성하고, 우리는 서로 결속되었다고 느끼지요. 함께 무언가를 표현하기 때문입니다. 합창대에 속한 사람이라면 특별히 즐겨 부르는 노래가 있을 것입니다. 그렇게 단원들과 함께 그 노래를 부른 뒤에 내적으로 굳세어져서 집으로 돌아갑니다.

 **그림**

마음을 움직이는 아름다움

세계적인 화가 빈센트 반 고흐는 이런 말을 남겼습니다.

"음악이 그러하듯, 나는 그림으로 위안받는 것을 말하고 싶다."

고흐는 매우 힘든 시기를 보냈으며, 내적 위기는 물론 외적 위기도 숱하게 겪었습니다. 그는 늘 자기를 가장 깊이 움직인 것을 그림에 표현하려 했습니다. 이런 까닭에 그의 작품은 오늘날까지 그림을 바라보는 사람들을 움직입니다.

그림은 자기 쪽에서 자신을 감상하는 이를 바라봅니다. 그리하여 그 사람 안에 강력한 어떤 힘을 일으키며 영향을 미칠 수 있습니다.

고흐의 그림을 감상하는 이는 그림 안에서 화가가 표현하는 것에 대한 사랑을 감지합니다. 자연 속에 깃든 아름다움에 대한 열정, 단순한 것 안에 깃든 신비스러움에 대한 열정, 가난한 이 안에서 비치는 빛에 대한 열린 마음을 느끼게 됩니다. 그 사랑이 그림을 감상하는 이의 영혼 안에서 울려 퍼집니다. 이 그림들을 바라보며 그의 사랑이 살아 움직이고, 위안이 된다는 것을 느낄 수 있습니다.

저는 그림이 실제로 매우 구체적인 위안을 줄 수 있다는 것을 로마에서 연학하던 시절에 체험했습니다. 성 안셀모 대학교에 다니던 첫해에 로마에서의 첫 성탄 축제를 지냈습니다. 당시 이탈리아는 우편 사정이 안 좋은 탓에 독일에서 오는 편지도, 작은 소포도 받지 못했습니다. 저는 주님 성탄 대축일 전야에 방에 앉아서 제가 가진 유일한 성탄 그림을 책상 위에 세워 놓고, 그 앞에 초를 켰습니다. 이 그림은 14세기에 산타

키아라*에서 제작된 프레스코 벽화를 축소하여 만들어진 것이었습니다. 이 그림에서 성모님은 뺨에 아기 예수님을 대고 있습니다. 따뜻한 색으로 그려진 이 그림은 보호받음과 애정을 표현합니다. 당시 이 그림은 타국에 있던 저에게 큰 위안이 되었습니다. 그로부터 50년 넘게 세월이 흐른 지금도 이 그림을 간직하고 있습니다. 그리고 성탄 축제 때마다 이 그림을 책상 위에 세워 놓습니다. 이 그림을 보며 편안함을 느끼고, 또 제가 사랑받음을 알게 됩니다.

    누구에게나 마음을 특별히 움직이고 위안을 주는 그림이 있을 것입니다. 도스토옙스키는 언젠가 자기는 적어도 일년에 한 번은 라파엘로의 작품인 〈시스티나의 성모〉 그림을 바라보아야 한다고 기술했습니다. 바로 이 성화의 아름다움에서 힘을 얻기 위해서였습니다. 또한 평탄하지 않은 자신의

• 클라라 성녀를 기념하여 나폴리에 세워진 성당.

삶을 극복하기 위해서였지요. 저는 프라 안젤리코*의 그림이나 마르틴 숀가우어**의 그림을 바라보면서도 위안을 느낍니다. 전자에서는 애정이 가득 묻어나고, 후자에서는 아름다움이 빛납니다.

그림은 고유한 아름다움으로 우리에게 영향을 미칩니다. 그림은 우리가 그것을 통해 새로운 시각으로 이 세상과 우리 일상을 바라보게 합니다. 그림은 우리 안에서 영향을 미칩니다. 그림은 말보다 우리 마음을 더 깊이 울립니다. 그림은 우리의 무의식 차원까지 들어갑니다. 그림이 왜 우리 마음을 그렇게 강하게 움직이는지 그 이유를 말하기는 어렵습니다. 단순히 그림 앞에 서서 그 그림을 바라보면 됩니다. 그리고 나서 우리는 변모되고 내적으로 굳건해져서 우리의 길을 계속 걸어갑니다.

- 도미니코회 수사로 14~15세기에 이탈리아에서 화가로 활동했음. 본래 이름은 구이도 디 피에트로이며, '천사 신부'라 불렸음.
- 1445/50~1491년, 독일의 화가이자 동판銅版 화가이기도 했음.

4장

자연이 주는 위안

 자연

모든 것과 하나를 이루는 체험

영성의 근원을 찾다 보면, 모든 종교는 자연과 깊은 연관이 있음을 알게 됩니다. 사람들은 자연 속에서 하느님을 체험했습니다. 그분을 창조주로서 체험했지요. 사람들은 단지 자연의 아름다움에 대해서만 경탄하지 않았습니다. 자연 속에 깃들어 있고 자신 안에도 있는 생명력도 감지했습니다. 사람들이 자연 속에서 체험한 것은 모두 각자에게 하나의 표상이었습니다. 사람들은 자신의 생명이 자연 속에서 생성되고 소멸된다는 것을 인지했습니다. 식물과 동물 옆에서는 자신의 삶을 더 깊이 이해하게 해 준 무언가를 체험했습니다.

나무 옆에서는 자신이 더 심오한 실재實在 안에 깊이 뿌리내리고 있음을 깨달았습니다. 사람들은 우람한 나무에 기대어 그 나무의 고유한 힘을 느꼈습니다. 그리고 나무 옆에 서서 거기서 나오는 사랑을 감지했습니다.

    자연을 의식적으로 인지하는 데에는 여러 방법이 있습니다. 저는 여름에 공동 아침 기도를 바친 뒤 자연 묵상을 합니다. 그런 가운데 어떤 굳건한 결속과 강렬한 기쁨을 느낍니다. 먼저 수도원 인근의 개천을 따라 죽 이어진 가로수 길을 걸으며 아침에 풍기는 냄새를 맡습니다. 풀잎에 맺힌 영롱한 이슬방울도 바라봅니다. 떠오르는 태양이 하루를 부드러운 빛으로 감싸는 모습에 경탄하기도 합니다.

    때로는 자연 속에서 두 손을 펴 위로 올리고 기도하기도 합니다. 그 안에서 창조 세계의 드넓음, 아침의 신선함, 부드러운 바람을 느낍니다. 또한 아직 햇살이 뜨겁지는 않지만 그 빛으로 저를 관통하는 태양도 감지합니다.

    휴가 때면 야외로 나가 자연 속에서 자주 걷습니다. 그렇게 한참 걸은 뒤에는 벤치 위나 풀밭에 오랫동안 앉아 있습니다. 단순히 자연을 느끼는 것 자체가 좋은 체험입니다. 저는 새들이 지저귀는 소리, 풀벌레들이 찌르륵찌르륵 우는 소리, 풀잎이나 나뭇잎들이 바람에 살랑거리는 소리를 듣습니다. 또한 주변의 모든 대상을 바라보고, 그것들을 피부로 느낍니다. 자연의 정적에 귀 기울이고, 지금 이 장소에서 풍겨 나오는 냄새를 맡습니다. 그런 가운데 제가 자연과 하나 됨을 느낍니다.

해가 났을 때 자연을 느끼는 것은 참 좋습니다. 물론 날씨마다 고유한 매력이 있습니다. 비나 폭풍이 와도 저에게서 자연에 대한 기쁨을 앗아 갈 수 없지요. 비는 자연을 변화시키고 공기도 정화합니다. 비가 조용히 내릴 때 걷는 일은 즐겁습니다. 비가 세차게 내릴 때는 어딘가의 처마 밑에 서서 쏟아지는 비를 관찰합니다. 그러고 나서 다시 해가 나고 지평선에서 일곱 빛깔 무지개가 나타나면, 그 선연한 모습에 놀라지 않을 수 없습니다. 찬란한 무지개를 바라볼 때마다 '노아의 홍수' 이후 하느님께서 사람들과 맺으신 계약, 그분과의 약속이 저절로 떠오릅니다. 산길을 걷는 중에 갑자기

거센 바람이 불 때가 있습니다. 폭풍이 불 때 어느 구간에서는 앞으로 거의 나아갈 수 없습니다. 그러나 이것 역시 자연과 그 힘을 인상적으로 체험하는 일입니다.

저는 자연 속에서 생기를 감지합니다. 생기는 경직된 것을 무너뜨리고 새롭게 일어서게 합니다. 특히 봄에 이러한 생기를 느낄 수 있습니다. 대지 위의 나무와 풀들이 온통 연둣빛으로 물이 오르면서 새롭게 단장합니다. 저는 의식적으로 주의를 기울이고 자연 속을 지나며 이러한 생기를 제 안에서도 감지합니다. 그것은 결국 하느님의 영입니다. 하느님의 영이 자연을 관통하고 충만하게 하고, 동시에 저를 생기 있게 유지시켜 주는 것입니다.

제 안에서 경직된 것들이 다시 생기가 돌고 소진된 것들이 활기를 되찾으리라는 희망이 자연에서 나옵니다. 물론 그렇게 체험하려면, 자연을 이익을 위해 얼마나 많이 이용할 수 있을지 생각하며 욕심에 찬 눈으로 바라보지 않아야 합니다. 위안을 얻는 눈으로 자연을 바라볼 때 자연을 단순히 인지하게 됩니다. 사람의 발길이 닿지 않은 자연뿐만 아니라 개발된 자연도 그렇게 느낄 수 있습니다. 자연림과 인공림 또는 잘 가꿔진 자연 경관은 각각 고유한 매력을 지니고 있습니다.

저는 자연 속에서 보호받는다고 느낍니다. 풀밭에 누워 있으면, 저를 힘 있게 떠받쳐 주는 그 무엇이 감지됩니다. 제가 지구의 한 구성원이라는 생각도 듭니다. 자연은 어머니에 비유할 수 있습니다. 자연은 저를 길러 주고 품어 주며 안정감을 선사하는 위대한 어머니와 같습니다.

기차를 타고 가면서 차창을 통해 바깥 풍경을 바라보더라도, 그 풍경은 제게 편안함을 줍니다. 벤치에 앉아 숲과 들 사이에 성당이 서 있는 작은 마을을 바라보고 있으면, 이 시선에서 평화가 나옵니다. 그 마을에 사는 사람들은 자연과 연결되어 있다는 생각이 듭니다. 이 순간 저도 제 자신과 연결되어 있음을 느낍니다. 따라서 특정한 풍경은 제 안에서 고향 같은 느낌과 안정감을 불러일으키는 그 무엇, 어머니처럼 편안함을 느끼게 하는 그 무엇을 지니고 있습니다.

자연은 평가하지 않습니다. 나는 나를 평가할 필요가 없습니다. 그저 자연에 나를 내맡기고, 그런 가운데 나를 내맡깁니다. 그리고 하느님께 나를 내맡겨 드립니다. 이렇게 내 모습 그대로 있습니다. 감정의 기복과 함께, 내 안의 어둠과 빛과 함께 지금 이대로 있어도 됩니다. 나는 생기와 사랑이 넘치는 피조물입니다. 자연 속에서 나는 인간적인 것, 우스꽝스러운 것이 내게 낯설지 않음을 지각합니다. 별이 총총한 밤하늘을 바라보는 것도 우리 인간은 더 큰 관계를 이루고 긴밀히 연관되어 있음을 알게 해 줍니다.

자연 속에서 만나는 크고 작은 것은 모두 우리가 그 일부인 삶의 놀라운 기적에 대한 무언가를 말해 줍니다. 내가 나의 외부에서 관찰하는 모든 것은 내 안에도 있습니다. 그러므로 자연 속에서 자연과 깊이 하나가 되는 체험을 자주 할 수 있습니다. 나는 모든 것과 하나를 이룹니다. 그리하여 나 자신과 조화를 이루는 체험도 하고, 하느님과 하나 되는 체험도 합니다. 그분의 사랑이 자연 전체에 스며들어 있습니다.

숲

벤치에 앉아 먼 곳 바라보기

한 여성이 이런 이야기를 했습니다. 숲길에 놓인 어느 벤치가 자신에게는 위안이 되는 것으로 느껴진다고 합니다. 단순히 이 벤치 위에 앉아 주변 경치를 바라보며 그것을 즐기는 겁니다. 이 여성은 상태가 안 좋을 때마다 이곳에 옵니다. 반시간 또는 한 시간 동안 이 벤치에 앉아 먼 곳을 바라봅니다. 그러는 동안에 이곳은 그녀에게 중요한 의미를 지니게 되었습니다. 이때 그녀는 자신이 안고 있는 문제들에 대해서는 생각하지 않습니다. 그냥 앉아서 눈에 들어오는 경치를 바라봅니다. 그런 가운데 벤치를 지키는 것처럼 보이는 숲과 주변 경치에 의해 자신이 자연 속에서 보호받는다고 느낍니다. 그리고 이렇게 생각합니다.

'나는 지금 아무것도 할 필요가 없다. 내가 안고 있는 모든 문제를 해결할 필요가 없다. 나는 그냥 있어도 된다.'

이런 체험을 하는 가운데, 그녀의 발걸음을 벤치로 향하게 했던 걱정거리와 힘든 일이 상대화됩니다. 그녀는 무언가를 표현하거나 해결해야 한다는 압박에서 벗어나 자유로워집니다. 벤치 위에 앉아 하느님을 생각하지 않더라도 자기가 자연의 일부라는 생각이 자신을 떠받쳐 준다고 여깁니다.

이렇게 순수하게 머무는 가운데 순수한 실재이신 하느님과 함께합니다. 하느님이 자연처럼 자신을 있는 그대로 받아들여 주신다고, 그분은 자기를 평가하지 않으신다고, 그저 단순히 있어도 된다고 여깁니다. 그리고 오랫동안 벤치 위에 앉아 있다가 변모되어 집으로 향합니다. 그녀가 가진 문제들은 해결되지 않았습니다. 그러나 이 시간에 자신을 받쳐 주는 그 무엇을 체험했습니다. 이 체험을 바탕으로 그녀는 일상의 도전에 달리 대응할 수 있습니다.

🌼 나무

우듬지 아래서 발견하는 안식처

1950년, 귄터 아이히는 47그룹* 앞에서 자작시 〈어느 여름의 끝〉을 낭송하며 당시 듣는 이들에게 깊은 감동을 주었습니다. 그 시는 이렇게 시작합니다.

나무의 위안이 없다면 그 누가 살고 싶어 할까!
죽을 때 나무가 동참한다면 얼마나 좋을까!

* 전후 신진 작가들의 모임으로 독일 전후 문학의 주축을 이루었음.

이 시는 곧장 죽음에 대해 묘사합니다. 이어지는 시구에서도 위안을 주지 않습니다. 자연을 중시하는 낭만주의 Naturromantik 사조가 지나갔음을 귄터 아이히는 당시에 이미 간파했습니다. 그는 사람들이 자연을 별반 존중하지 않는다고 여기며 이에 대해 한탄했습니다. 오늘날 우리는 이 시를 다른 시각으로, 도처에서 확인할 수 있는 자연 파괴, 환경 파괴를 떠올리면서 읽을 수 있습니다.

크고 생기 있는 나무는 실제로 하나의 위안이 됩니다. 예로부터 사람들은 나무를 여러 상징과 결부시켰습니다. 나무는 생명을 나타내는 근원적 상징입니다. 그래서 사람들은 활엽수에서 죽음을 이기고 생명이 다시 태어났음을 봅니다. 침엽수에서는 불멸의 상징을 봅니다. 땅 속 깊이 뿌리 내리고 하늘을 향해 뻗어 있는 나무는 천상과 지상을 연결해 줍니다.

나무는 인간의 상징, 그 인간은 동시에 지상과 천상에 속한 존재임을 가리키는 상징입니다. 나무는 우리를 보호해 줍니다. 이 또한 어머니 옆에 있듯이 안전함을 주는 체험입니다. 우리는 우듬지 아래서 안식처를 발견할 수 있습니다. 서로 얽혀 있는 뿌리에서 안전함, 확고함, 굳셈이 느껴집니다. 우리는 나무에 기댈 수도 있습니다. 우리 안에서 힘이 감지되지 않을 때에는 나무를 감싸 안는 것, 나무의 생기를 나누어 받는 것이 도움이 됩니다.

성경은 생명나무와 선과 악을 알게 하는 나무에 관해 소개합니다. 또한 모든 나무에서 십자가, 낙원에서 추방된 우리 인간에게 다시 낙원을 돌려 준 십자가의 상징을 봅니다. 십자가는 본래의 생명나무로 묘사됩니다. 그러므로 어느 나무 아래 서 있는 것, 나무에서 어머니 옆에 있듯이 안전함을 느끼고 동시에 나무에서 나오는 힘을 감지하는 것은 우리에게 도움이 됩니다. 그런 가운데 나무의 위안을 체험할 수 있지요.

 정원

손과 발을 움직이며 일할 때 얻는 힘

생각에 깊이 빠진 사람들이 정원에서 일하는 것은 좋습니다. 저는 대학을 다니다가 우울증에 빠졌던 한 젊은이를 알고 있습니다. 그는 학업을 중단하고 한동안 어느 과수원에서 일했습니다. 그 일은 그에게 매우 유익했습니다. 왜 그랬을까요?

흙을 만지며 우리는 대지와 연결됩니다. 흙을 만지는 일은 우리에게 새로운 힘을 줍니다. 그 밖에도 우리는 정원이나 밭에서 일하며 생명이 자라나고 있음을 알아차릴 수 있습니다. 꽃들은 정원을 아름답게 장식합니다. 과일 나무에서는 열매들이 자랍니다. 이런 모습을 바라보면서 식물들이 성장하도록 우리가 협력한 것에 자부심을 지닐 수 있습니다. 그리고 나중에는 열매도 수확할 수 있습니다.

정원이나 밭에서 하는 일은 우리를 우울한 생각에서 벗어나게 합니다. 우리는 손과 발을 움직이면서 일하는 가운데 우리 자신을 몸으로 느낍니다. 우리는 정신없이 바삐 돌아가는 일상을 떠나 한적한 곳을 찾습니다. 그리고 그곳에서 자연의 시간을 감지합니다. 마음이 평온해집니다. 우리는 대지와, 그리고 땅 위에서 자라는 생명과 교감합니다. 대지와 교감하는 가운데 좋은 에너지가 우리 안으로 흘러들어옵니다. 심리 치료사인 이름트라우트 타르는 그것을 이렇게 말합니다.

"어떤 생명이 자라나는 모습을 바라보는 것은 세상에서, 정원에서, 자기 자신 안에서 받을 수 있는 가장 큰 위안이다."

우리는 단지 열매를 수확하기 위해 정원에서 일하는 게

아닙니다. 정원을 아름답게 가꾸는 것은 우리에게 기쁨을 줍니다. 옛날부터 사람들은 정원을 사랑했습니다. 성경도 낙원에 관해 설명합니다. 그리스도교 전통 안에서도 마리아가 천사들과 함께 아름다운 정원에 있는 모습을 묘사한 작품이 많습니다.

우리 일상에서도 다음과 같은 경험을 할 수 있습니다. 정원을 아름답게 가꾸면 우리는 땅을 일굴 수 있을 뿐만 아니라, 삶 자체도 더욱 아름답게 꾸릴 수 있습니다. 여기서도 다시 아름다움을 느낄 수 있습니다. 아름다움은 황량함, 슬픔을 몰아내고 우리를 기쁨으로 채워 줍니다.

각박한 세상 가운데서 피어나는 기쁨

　　여론 조사 전문가인 엘리자베트 노엘레노이만은 단순한 행복에 관한 자전적 글을 쓰며 꽃에 대해 깊이 생각했습니다. 그러면서 인류 역사가 시작된 초기에 이미 죽은 사람들은 꽃과 함께 무덤에 묻혔을 거라고 추측했습니다.
　　"이렇게 생각하니 마음이 따뜻해진다. 그렇게 까마득히 오랜 시대로 거슬러 올라가는 가운데 꽃, 눈에 위안을 주는 이 대상에 대한, 눈을 통해 받아들여지는 이 양식에 대한 기쁨을 느끼게 된다."
　　그녀는 저명한 시인이자 소설가 고트프리트 벤이 쓴 시

〈마지막 봄〉에서 하나의 약속을 알아차립니다. 꽃에 대한 기쁨은 우리가 가장 어두운 시기에, 심지어 죽음이 다가왔을 때에도 우리에게 위안을 줄 수 있다는 것입니다.

그대의 마음 깊은 곳으로 개나리꽃을 가져가라.
라일락꽃이 피면
이 꽃도 가져가라.
그대의 피와 행복과 비참함과 함께
지금 그대가 빠져 있는 절망의 나락과 함께.

…… 그대는 묻지 않네
어디가 끝인지, 어디가 시작인지.
아마도 시간이 그대를 지탱해 주겠지.
장미꽃이 만발하는 유월이 올 때까지.

꽃을 선물하는 것은 아주 오래된 관습입니다. 사랑하는 사람이 생일을 맞이하면 대부분 꽃다발을 선물합니다. 꽃다

발을 만들기 위해 그 사람이 좋아하는 꽃을 신중하게 고르지요. 선물로 꽃을 받으면 기쁩니다. 그때 우리는 자신이 이해받고 존중받는다고 느낍니다.

어느 가정에 초대받아 갈 때도 우리는 꽃다발을 들고 갑니다. 그러면서 그 선물이 초대해 준 이들을 기쁘게 할 거라고 확신합니다. 환자를 방문할 때도 우리는 꽃을 가져갑니다. 환자에게 꽃은 희망과 아름다움의 상징입니다. 침대 옆 탁자 위에 놓인 꽃은 병실 안의 분위기를 확 바꾸어 놓습니다. 꽃은 우리를 생각하고 우리를 사랑하는 사람들이 아직도 있음을 얘기해 줍니다. 우리는 꽃다발에서 그들의 사랑을 오랫동안 감지합니다. 그리고 꽃으로 표현된 애정 안에서 우리가 보호받는다는 것을 느낍니다.

길가에 핀 민들레나 데이지, 가지각색의 들꽃, 샐비어처럼 단순하고 소박한 꽃들도 우리를 기쁘게 합니다. 그러나 마음에 드는 꽃을 꺾어서 누군가에게 선물해서는 안 되겠지요. 들에 핀 꽃이나 정원에서 가꾼 꽃들을 바라보며 우리는 그 아름다움에 기뻐합니다. 꽃의 아름다움은 우리에게 위안을 주고, 우리가 처한 현실을 위로해 줍니다. 마치 에덴동산에서 보내는 인사 같습니다.

꽃들은 해마다 다시 새롭게 피어납니다. 꽃은 변해 가는 세상에서 지속적으로 위안이 되는 표지이기도 합니다. 우리가 슬플 때, 꽃들은 이렇게 말합니다. 각박한 세상 한가운데서도 꽃은 피어난다고.

꽃은 단순히 자기 자리에 있습니다. 그러면서 누군가가 자기를 바라보든 바라보지 않든 상관없이 아름다움을 발산합니다. 꽃은 건강하고 아름다운 세상을 가리키는 희망의 표지입니다.

 산책

야외에서 여유롭게 걷기

누군가가 상태가 안 좋다면, 밖으로 나가 산책하는 것이 위안이 될 수 있습니다. 그것은 전혀 돈이 드는 일이 아닙니다. 덴마크의 철학자 쇠렌 키르케고르가 언젠가 말하기를, 밖으로 나가면 자기는 털어내지 못할 걱정이 없다고 했습니다.

방에서 슬픔과 함께 머물면, 생각에 골똘히 잠기게 되고 항상 같은 생각 주변을 맴돌게 됩니다. 내적으로 나아갈 수 없습니다. 그러나 밖에 나가 산책을 하면, 외적으로만 움직이는 게 아닙니다. 내 영혼 안에서도 그 무엇이 움직입니다.

독일어로 '산책하다 spazieren'는 라틴어 '스파티아리 spatiari'(성큼성큼 걸어오다, 소요하다)에서 유래했습니다. 산책하는 것은 그저 걷고 움직이는 것 이상을 의미합니다. 산책은 뭔가 축제다운 것, 뭔가 즐거움을 지니고 있습니다. 또한 뭔가 느슨하고, 뭔가 여유 있는 것을 지니고 있지요.

저는 의식적으로 산책하고, 걷는 것을 즐깁니다. 이러한 걸음걸이로 목적지를 향해 서둘러 가는 일은 어울리지 않습니다. 도중에 골똘히 생각에 잠기면서 땅을 보며 걷는 것도 산책의 본질에 어긋납니다. 산책할 때에는 똑바른 걸음이 중요합니다. 내가 똑바로 걸을 때 내 영혼도 똑바로 섭니다. 슬픔은 더 이상 나를 내리누르지 못합니다. 똑바로 걷는 태도는 나의 기분을 바꾸어 줍니다. 슬픔과 침울함에 잠기는 대신에 정신이 맑아집니다. 그리고 나는 드넓음, 자유, 상쾌함을 느낍니다.

주일 오후에는 종종 수도원 옆 가로수 길을 따라 산책합니다. 개천을 따라 양쪽으로 죽 이어진 가로수 길에는 무성한 나무들이 그늘을 드리우고 있습니다. 우리 수도자들은 이 한적한 길을 즐겨 걷습니다. 이 길은 수도원 방문자들이나 호기심 많은 구경꾼에게서 우리를 보호해 줍니다. 이 길은 거의 80년 전부터 이 길을 걸었던 동료 수사들, 이 길 위에서 묵상했던 수사들을 떠올리게 합니다. 때때로 이 길을 걷다 보면 새로운 생각이 떠오르고, 그 생각들을 강연이나 책들에서 펼칠 수 있습니다.

저는 이 길을 계절마다 걷습니다. 겨울에는 이 길이 봄과는 달리 느껴집니다. 여름에는 가을과는 달리 느껴집니다. 계절마다 고유한 매력을 지니고 있습니다. 저는 이 같은 변화를 모든 감각을 동원하여 감지합니다. 계절마다 자연에서 다른 냄새가 납니다. 계절마다 자연이 달리 보입니다. 여름에는 아침 기도 후에 이 길을 걷곤 합니다. 이때 하루의 상쾌함을 느낍니다. 그것은 저를 생기 나게 하지요. 다른 계절에는 이 길을 대체로 낮에 걷습니다. 때로는 저녁 식사 후 자유 시간에 동료 수사들과 함께 이 길을 걷습니다.

산책은 모든 계절뿐만 아니라 모든 하루의 시간도 변화시킵니다. 제가 영적으로 동반하는 이들도 이와 유사한 경험들에 관해 들려줍니다. 그 가운데 일부 사람은 조깅하면서 아침을 시작합니다. 이는 그들이 거행하는 아침 의식입니다. 조깅은 그들을 생기 나게 합니다.

어떤 사람들은 저녁에 달리면서 낮에 느낀 실망과 분노를 날려 버립니다. 그 과정에서 온종일 쌓인 긴장에서 벗어납니다. 그러나 의식적으로 천천히 걷는 가운데 긴장을 누그러뜨리는 사람들도 적지 않습니다. 그들은 조급해하거나 자신을 압박하지 않고서 느긋하게 걷습니다. 스위스의 작가 로베르트 발저가 이렇게 말합니다.

"나는 무조건 산책해야 한다!"

그에게 이러한 위안은 꼭 필요합니다. 그래서 그는 위안받지 않고서는 산책을 마치지 않습니다. 많은 사람이 이와 유사한 경험을 합니다.

아무튼 저는 밖으로 나갈 때와는 달라진 모습으로 산책 길에서 돌아옵니다. 산책은 저를 변모시킵니다. 산책은 저의 슬픔을 신뢰와 힘으로 바꾸어 줍니다.

새

경쾌한 지저귐, 삶에 대한 찬미가

나이든 사람들은 새들이 들어 있는 새장을 종종 집 안에 가져옵니다. 새들은 그들에게 위안이 됩니다. 그들은 홀로 있지 않습니다. 새들이 그들 옆에서 생기 있는 모습과 노래로 기쁨을 선사합니다.

외로운 사람들은 자주 창가에 앉아 새들이 정원의 나무나 덤불 사이에서 푸드덕거리며 나는 모습을 바라봅니다. 그렇게 새들의 경쾌함, 다채로움, 지저귀는 소리에 매료되곤 합니다.

많은 사람이 노랫소리를 들으면서 새들을 구분합니다.

지빠귀, 작은부리울새*, 멧새, 휘파람새, 종달새, 박새, 딱따구리, 방울새 등 새들은 저마다 서로 다른 소리를 냅니다.

또 다른 나이든 사람들은 손바닥 안에 모이를 놓고 새들에게 내밉니다. 평소에는 사람들을 꺼리며 멀리 떨어져 있지만, 지금은 새들이 자기를 두려워하지 않고 다가와 앞에 놓인 작은 낟알들을 쪼아 먹는 모습을 보며 뿌듯함을 느낍니다. 그리고 공중을 나는 이 피조물들이 자기를 신뢰한다고 느끼지요.

무엇이 우리를 새들에게 매료시킬까요? 하나는 경쾌함입니다. 새들은 가볍고 경쾌하게 공중을 날아다닙니다. 이 경쾌함과 함께 새들은 우리 영혼이 자유와 가벼움을 느끼게 합니다. 우리는 새들의 노래를 들으며 기쁨을 느낍니다. 그 노래 안에서 뭔가 즐겁고 긍정적인 것이 우리에게 울려 퍼집니다. 그것은 삶을 표현하는 것, 삶의 기쁨을 불러일으키는 것입니다.

- Rotkehlchen. 직역하면 '붉은 작은 목'으로, 목이 작고 붉은색을 띤 새라는 뜻임.

신학자 고트프리트 바흘은 시편을 현대적으로 번안한 어느 작품에서 이렇게 묘사합니다.

"왜 세상에서 기쁘게 사느냐고 천사가 내게 물었네. 새들이 있기 때문이네. 새들은 나와 한집에서 사는 매력적인 존재라네."

그는 《넓은 마음을 품고서 Mit einem weiten Herzen》라는 책의 어느 대목에서 자기에게 휘파람새가 부르는 노래는 "삶에 대한 긍정, 찬미가, 환희의 샘"이라고 말합니다. 이에 비추어 볼 때, 새의 노래는 그에게 창조에 속하는 그 무엇을 보여 주는 하나의 보기입니다.

다양한 음이 그윽하게 울려 퍼지는 가운데 모든 것을 감싸 안습니다. 자연 속에 그러한 그 무엇이 존재한다는 것, 이것이 창조의 본질을 이룬다는 것은 고트프리트 바흘에게 근본적인 것입니다. 여기서 그는 자연의 관대함을 체험합니다. 자연의 관대함은 그에게 본디 위안이 되는 것입니다.

프란치스코 성인이 새들에게 설교했다는 이야기는 널리 알려져 있지요. 그는 새들에게 이렇게 말합니다.

"나의 형제들인 새들아, 너희는 너희의 창조주이신 하느님을 아주 많이 찬미해야 한다. 그분은 너희에게 깃으로 옷을 입혀 주셨고, 너희가 날 수 있도록 날개를 주셨다."

예수님은 새들을 본보기로 우리에게 제시하십니다. 우리는 새들에게서 신뢰를 배워야 합니다.

"하늘의 새들을 눈여겨보아라. 그것들은 씨를 뿌리지도 않고 거두지도 않을 뿐만 아니라 곳간에 모아들이지도 않는다. 그러나 하늘의 너희 아버지께서는 그것들을 먹여 주신다. 너희는 그것들보다 더 귀하지 않으냐?"(마태 6,26)

그러므로 새들을 바라보는 것은 충분히 준비해 놓지 못해서 드는 불안감을 우리에게서 거두어 갈 수 있습니다. 그리고 새들은 우리에게 신뢰를 가르쳐 줍니다. 새들은 자신들이 작다는 것을 드러내 보입니다. 새들은 삶의 기쁨을 표현하고, 바로 이런 까닭에 우리에게 큰 위안을 줍니다.

강아지

나를 지켜 주는 충실한 동반자

주인에게 충성을 다하는 개는 외로운 사람들에게 대체적으로 힘의 원천이 됩니다. 힘들고 어려울 때에 더욱 그렇습니다. 밖에 나갔다가 집에 돌아옵니다. 이때 빈집에 들어서는 것이 아니지요. 집에는 자기를 기다리다가 반갑게 맞아 주는 누군가가 있습니다. 친밀하다고 느끼는 어떤 존재가 있습니다. 집에 들어서면 그들은 자신이 환영받는다고 여깁니다. 개는 그들을 지켜 줍니다.

이 동물은 여러 욕구를 지니고 있습니다. 외로운 사람도 자기가 키우는 개의 욕구들을 채워 주어야 합니다. 그것은 자신을 활기차게 만들어 줍니다. 개는 날마다 밖으로 나가고 싶어 합니다. 이러한 야외 활동과 신선한 공기는 주인에게도 좋습니다. 그는 산책하면서 무엇보다 자신이 혼자라고 느끼지 않습니다. 그는 이 동물과 연결되어 있고 이는 그로 하여금 자기 자신과 그리고 자연과 관계를 맺게 합니다. 나아가 그는 이 동반자를 통해 혼자 있더라도, 참견하기 좋아하는 사람들에게서 자신이 보호받고 있다고 느낍니다.

최근에는 심리 치료견들이 있습니다. 이 특별한 개들은 양로원이나 요양원에 있는 연로하고 돌봄이 필요한 이들에게 보내집니다. 개가 나이든 사람들을 다정하게 탐색하는 것은 그들에게 좋습니다. 특히 치매 증세를 보이는 이들은 개와 교류하면서 자신 안의 생명을 감지합니다. 개들은 우리 인간 안에 여러 감정을 불러일으킬 수 있습니다. 가까운 사람들이 그렇게 할 수 있는 것처럼 말이지요.

지속적인 고통에 시달렸던 한 여성이 저에게 얘기하기를, 자신이 키우는 개가 자기 생명을 구해 주었다고 했습니다. 그 개가 없었다면, 자기가 왜 살아야 하는지, 어떻게 살아야 할지 알지 못했을 거라고요. 이 여성은 사무실에 출근할 때 개를 데리고 갑니다. 사무실에서는 자신과 '코드'가 맞지 않아 관계가 껄끄러운 사람들과도 일해야 하지만, 이제는 개가 평화로운 분위기를 만들어 냅니다. 그러므로 개는 많은 사람에게 충실한 동반자이자 보호자이기도 합니다. 외로운 사람들은 자신이 집에서 혼자 살지 않는다고 여깁니다. 자기가 키우는 개가 집을 지켜 준다고 생각하며, 자신이 안전하다고 느낍니다.

작가인 가브리엘라 헤르펠은 2021년 3월 《SZ-매거진》에서 키우던 개가 죽었을 때 어떤 마음이 들었는지 감명 깊게 묘사했습니다. 이는 사랑하는 사람을 잃었을 때 느끼는 고통과 똑같았습니다. 그 사실을 믿을 수 없었지만, 믿지 않을 수도 없었다고 그녀는 고백합니다. 그러면서 이따금 성당에 가서, 먼저 세상을 떠난 사람들을 위해 하듯이 죽은 개를 위해 초에 불을 붙인다고 덧붙입니다. 이어서 그녀는 칠레의 시인 파블로 네루다의 시를 인용합니다. 이 시인은 무신론자를 자처했지만 〈개가 죽었네〉라는 시에서는 다음과 같이 말합니다.

유물론자인 나는 믿지 않는다

약속된 하늘이 누군가를 위해 존재한다는 것을.

그렇지만 나는 믿는다

이 개를 위해 또는 모든 개를 위해

하늘이 있다고.

그렇다, 나는 믿는다

내가 그곳으로 가지 않지만

거기서 이 개가 나를 기다리고 있을

하늘이 있다고.

부채 모양의 꼬리를 흔들면서

내가 그곳에 도착하면 내게 우정을 표현하기 위해.

 **고양이**

그르렁거리며 걱정을 날려 주는 동물

개가 사람들 옆에 있는 것처럼, 고양이도 사람들 곁에 있습니다. 고양이는 집에 있기를 좋아하고 아주 민첩한 동물입니다.

고대 이집트에서는 고양이가 집과 어머니, 아이들의 수호 여신인 바스테트*의 신성한 동물로 간주되었습니다. 오늘날에도 고양이를 키우는 사람 중에는 그렇게 여기는 이들

- 고대 이집트 신화에 등장하는 다산과 풍요의 여신으로 머리와 얼굴이 고양이의 모습임.

이 더러 있습니다. 그들은 자신이 보호받는다고 느낍니다.

또 다른 사람들은 이 동물에게 위안을 얻습니다. 고양이를 어루만지거나 그 부드러운 털을 다정하게 쓰다듬으면서 말이지요. 스트레스를 주는 집안일을 하거나 힘든 상황에 처했을 때 단순히 자신을 내려놓고, 고양이를 품에 안고 쓰다듬으면 좋습니다. 고양이가 그르렁거리며 걱정들을 '날려 줄' 때까지 오랫동안 하는 것입니다. 우리가 이러한 상태를 즐기고 또 그 시간을 늘리고자 애쓴다면, 이는 우리에게 큰 위안을 줄 수 있습니다.

고양이는 자기가 원하는 것이 무엇인지 알고 있습니다. 고양이는 고집이 셉니다. 그 고집은 자기를 돌봐 달라고 가족에게 요구하는 것이기도 합니다. 또한 고양이는 우리에게 자신의 욕구들도 상기시킵니다. 고양이는 대체로 자기가 좋아하는 자리에서 편히 쉽니다. 이런 면에서 고양이는 평화의 상징이기도 합니다. 이 평화가 발산되기에 우리는 평온함을 느낄 수 있습니다.

어떤 사람들은 고양이와 놀기를 좋아합니다. 어린 고양이들은 우리 안에서 놀고 싶은 마음을 불러일으켰습니다. 어렸을 때 우리 형제자매들은 어린 고양이들과 자주 놀았습니다. 누이들은 어린 고양이들에게 인형 옷을 입히기도 했지요. 고양이가 원하지 않는 것을 하는 게 당시 우리에게는 재미있는 일이었습니다. 그러나 고양이와 더는 잘 교류할 수 없게 되는 어떤 한계를 느끼는 것도 흥미로웠습니다.

이렇게 고양이는 함께 놀자며 우리를 초대합니다. 그러나 자기에게는 사랑과 돌봄이 필요하다는 것을 우리에게 늘 상기시킵니다. 그러므로 우리는 고양이를 통해 우리 자신도 잘 돌보고 보살피라는 신호를 받는 것입니다.

말

머리를 흔들며 나를 위로하는 존재

휴가 중에 드넓은 방목장 옆을 지나가다가 거기서 한가로이 풀을 뜯고 있는 말들을 보면 저도 모르게 멈춰 섭니다. 말들은 고유한 분위기가 있습니다. 말들은 아름답고 우아한 동작으로 저를 매혹시킵니다. 말들이 지닌 힘은 감탄을 자아냅니다.

조카들이 수도원에 있는 저를 찾아왔을 때 가장 먼저 향하는 곳이 있습니다. 수도원 부속 학교에서 교육용으로 일곱 마리 말을 사육하는 곳입니다. 조카들은 말들을 쓰다듬거나 당근을 슬쩍 내밉니다. 그들은 말들에게 매료되었습니다. 조카들에게 말들은 힘과 생기의 약속인 듯합니다.

말을 소유한 사람들도 일부 있습니다. 그들은 말을 타고 가면서 생기와 힘을 느끼는 일을 기뻐합니다. 그리고 자신의 상태가 안 좋을 때면 대개 말에게 다가갑니다. 그리고 머리를 기대고 자신의 고통을 털어놓으며 하소연하지요. 그런 가운데 말이 자신의 감정을 정확히 인지하고 머리를 부드럽게 흔들면서 자기를 위로해 준다고 느낍니다.

말은 단순히 그들을 위해 있습니다. 어떤 말로 위로해 주는 게 아닙니다. 말은 단순히 자기 존재, 자신의 힘으로, 그리고 공감하면서 위로해 줍니다. 그들은 말에게서 자기가 이해받는다고 느낍니다. 잘못 이해되는 말들은 없습니다. 그들은 변명하거나 설명할 필요가 없습니다. 그들은 말에게 기대어 자신의 고통과 슬픔을 털어놓습니다. 그것이 그들을 위로해 줍니다.

강

반짝이는 물결 바라보기

어떤 남성이 저에게 이렇게 얘기했습니다. 본인에게는 마음이 평온해질 수 있는 가장 좋은 방법이 자기가 사는 도시를 지나 흐르는 강의 가장자리, 강가에 앉아 있는 것이라고 합니다. 그는 도시 안이 아니라, 교외로 나가 홀로 오랫동안 강가에 앉아 있습니다. 무엇이 그렇게 마음을 진정시켜 주느냐고 묻자, 그는 이렇게 대답했습니다.

"저는 강물이 흘러가는 것을 바라봐요. 수천 년 전부터 언제나 똑같이 강물이 흘러가는 모습을 바라보다 보면, 제가 안고 있는 일상적인 걱정거리와 문제가 아무 일도 아닌 것처럼 느껴져요. 그렇게 흘러가는 물과 함께 저를 내리누르는 걱정과 갈등들도 흘러가 버린다고 상상할 수 있어요. 저를 불안하게 하는 모든 것을 이렇게 흐르는 강물 속에 집어넣는 거예요. 그러면 그것들이 흘러가 버리고, 깊은 내적 평화가 찾아와요. 그래서 상태가 안 좋을 때에는 강가에 앉아 있는 것이 저에게 위안이 된답니다."

또 다른 사람은 어릴 때 항상 강가에 갔습니다. 그는 전쟁이 일어났던 시기와 이후의 힘든 시기에 도나우강*에 인접한 어느 마을에서 성장했습니다. 어린 시절에 그는 도나우강이 흘러가는 강가에 서서 그저 강물만 바라보지 않았습니다. 그는 그곳에서 자신의 목표를 바라보았고, 자신의 갈망을 펼쳤습니다. 그때에는 자신의 목표에 관해 누구에게도

- 독일 남부의 슈바르츠발트 삼림 지대에서 발원하여 독일의 다른 남부 지역을 지나 유럽의 남동부 국가들인 오스트리아, 슬로바키아, 헝가리, 세르비아, 불가리아, 루마니아 등을 거쳐 흑해로 흘러들어 감.

이야기하지 않았다고 합니다. 그러나 언젠가 출발하겠다고, 그 목표를 더 이상 강물처럼 흘러 지나가게 하지 않겠다는 꿈을 지녔습니다. 모든 게 그대로 있어서는 안 된다고 생각한 일이 어린 그에게 위안이 되었습니다.

그러한 생각이 그로 하여금 힘든 어린 시절을 잘 넘기도록 했고, 삶을 주도하는 힘을 주었습니다. 몇 해 전에 연금 생활자가 된 그는 아주 오래된 목표, 어린 시절의 꿈을 실현했습니다. 파사우*에서 시작해 흑해까지 유람선을 타고 여행한 것이었습니다.

프리드리히 횔덜린에게는 넥카강**이 그랬습니다. 그는 강변에 앉아 자주 위안을 구했고, 〈넥카강〉이라는 시도 썼지요.

- 독일 바이에른주에 있는 도시로 오스트리아와 국경을 접하고 있으며, 여기서 도나우강과 인강과 일츠강이 합류함.
- 라인강의 지류로 바덴뷔르템부르크주 남부의 슈바르츠발트와 슈바벤의 알프스 지역에서 발원하여 북쪽으로 흐름.

산에서 솟아나 흐르는 물이 빠르게 아래로 내려가

그대에게 이르네.

그대는 그 물과 함께 내 마음도 받아 주네.

그 물은 고요한 라인강으로,

라인강 변의 도시들 아래로,

활기 넘치는 섬들로 흘러 들어가네.

시인은 강을 통해 어린 시절과 교류합니다. 그러나 강은 그의 고통들도 떠올리게 합니다. 이제 어른이 되어 지난날을 되돌아보니, 그 고통들은 그에게 삶을 잘 견디도록 준비시켜 주었습니다. 시인은 강을 바라보면서 다음과 같이 느낍니다.

삶은 환희의 술잔을 건네고
푸른빛이 감도는 은물결이 반짝이네.

이처럼 그의 고통들은 은빛으로 반짝이는 물결 위에서 기쁨으로 바뀝니다.

5장

몸과 영혼에 생기를 북돋아 주는 위안

즐거움

우리를 기쁘게 하는 것

토마스 아퀴나스는 앞서 언급한 '영혼의 고통'에 관한 글에서 "고통과 슬픔이 즐거움을 통해서 완화될까?"라고 묻습니다. 그리고 이 물음에 그렇다고 대답합니다.

고대 시대의 수도승 에바그리우스의 견해에 따르더라도 즐겁지 않다는 것, 마음이 내키지 않는다는 것은 잘못된 태도입니다. 그것은 '(영적) 태만Akedia'이라는 악습을 낳고, 그 어떤 것도 좋아할 수 없게 만듭니다. 그런 사람들은 일할 의욕도, 기도할 마음도 없습니다. 그 무엇도 행할 기분이 전혀 나지 않는 것입니다. 그저 공허하고 활기가 없으며 한탄을 늘어놓고 심란할 뿐입니다. 더는 살맛이 나지 않습니다. 만사가 귀찮고 싫증납니다. 아무것도 기쁘지 않습니다. 어떤 일을 해도 언제나 힘들기만 합니다. 충만함은 늘 어딘가 다른 곳에 있다는 생각이 듭니다.

그런 태도를 보이는 사람은 지금 이 순간에 몰입할 능력이 부족합니다. 즐거움은 언제나 현재에 있습니다. 이 순간에 온전히 몰입할 때 우리는 즐거움을 누릴 수 있습니다. 즐거움은 삶을 값지게, 기쁘게, 생기 넘치게 하지요. 즐거움은 슬픔과 고통을 몰아냅니다.

독일어로 '즐거움Lust'이라는 말은 다양하게 사용됩니다.
"나는 좋은 적포도주 한잔을 마시고 싶다Ich habe Lust auf einen guten Rotwein."

이 문장에 쓰인 '루스트Lust'는 무언가를 갈망한다는 것을 의미합니다. 내가 원하는 것이 내게 유쾌한 기분과 기쁨과 만족을 안겨 줄 거라는 희망의 말이지요.

우리는 종종 이렇게도 말합니다.

"나는 일할 의욕이 없다Ich habe keine Lust, zu arbeiten."

여기서 '의욕이 없다keine Lust zu haben'는 것은 나에게 동기가 유발되지 않음을 뜻합니다. 내 안에서 그 무엇이 거부하는 것입니다. 자제력이 없고 욕구나 기분에 좌우되는 사람들이 있습니다. 그런 사람들은 자기에게 요구되는 것, 자신의 의무를 지각하지 못합니다.

저는 아무런 의욕 없이 일터로 향하는 사람들, 마음이 내키지 않은 채 학교에 가는 학생들을 알고 있습니다. 어떤 사람들은 마음이 즐겁지 않은 것을 내버려 둡니다. 그들은 무엇에도 흥이 나지 않습니다. 모든 게 공허하고 지루합니다. 생기를 잃어버린 그들은 삶과도 단절됩니다. 즐겁지 않다는 것은 모든 게 자기에게 충분치 않다는 생각에서 비롯됩니다. 그렇지만 자신이 체험하는 외적인 일들을 언제나 선택할 수는 없습니다.

자기에게 일어나는 일을 어떻게 체험할지는 바로 자신에게 달렸습니다. 오늘 우리를 기다리는 일들에 대해 좋은 상상을 하면 즐겁게 하루를 보낼 수 있습니다. 그렇지만 우리에게 다가오는 일에 대해 부정적인 상상을 하면 즐거움을 느낄 수 없을 것입니다. 따라서 마음이 즐거운지 아닌지는 우리 자신에게 달렸습니다. 마음이 즐거운 사람에게는 모든 게 흥미롭습니다. 그는 삶을 힘차게 그리고 기쁘게 살아갈 것입니다.

고대 그리스 철학자 플라톤은 "즐거움은 인간에게 내적 균형을 다시 이루게 해 준다."라고 말합니다. 그러므로 즐거움은 인간의 정신적 건강에 유익합니다.

아리스토텔레스는 즐거움을 모범적인 활동의 구성 요소로 이해합니다. 누군가는 어떤 일에 전적으로 몰두할 때마다 즐거움을 만끽합니다. 그러므로 즐거움은 우리 활동과 함께합니다. 자신에게 주어진 능력들을 한껏 발휘할 때 즐거움을 체험할 수 있지요.

토마스 아퀴나스에게 즐거움은 창조적 행위의 표현입니다. 자신이 하는 일에 온전히 몰두하는 사람은 즐거움을 느낍니다. 토마스 아퀴나스에 따르면, 슬픔은 세상을 떠난 친구들과 지난날에 누렸던 기쁨을 떠올림으로써 나타날 때도 많다고 합니다. 반면 즐거움은 내가 지금 이 순간에 느끼는 것입니다. 슬픔은 대개 과거에 매인 것과 연관되어 나타나는 감정입니다.

이런 까닭에 토마스 아퀴나스는 이 순간에 온전히 몰입하도록 우리를 초대합니다. 이 중세기 학자가 했던 말을 오늘날 심리학 언어로 번역해 본다면 이렇게 말할 수도 있을 것입니다.

"즐거움은 틀에 박힌 일을 중단시킨다."

여기서 틀에 박힌 일이란 우리가 과거에 의해서만 끌려가고 미래에 대한 전망은 품지 않는다는 것을 표현한 말이기도 합니다. 즐거움은 언제나 현재와 연관이 있습니다. 즐거움은 그냥 흘러가는 과정을 중단시키고, 지금 이 순간을 붙잡습니다. 즐거움은 전염성 있는 힘입니다. 이 힘은 우리 자신뿐 아니라 다른 사람들도 끌어당기고 전염시킵니다. 그러나 즐거움은 무언가를 움직일 수 있는 힘입니다. 그래서 고립된 자아 Ego에서 우리를 끌어냅니다. 즐거움 속에 있으면 자기 주위를 맴돌지 않게 되고 우리 바깥에 있는 어떤 것이 우리를 꾀어내기 때문입니다.

그러므로 즐거움은 인간이 느끼는 중요하고도 높은 단계의 감정입니다. 어떤 사람이 일하면서 즐거움을 느낄 때, 이 감정은 그의 손에서 그에게 더 잘 전달됩니다. 그가 산이나 들을 걸으면서도 즐거움을 느끼면, 그의 마음도 드높아집니다. 그가 즐거운 마음으로 회의하러 가면, 그 회의는 잘 진행되고 좋은 결과도 얻게 될 것입니다. 어떤 사람이 이성을 사귀고 싶은 마음이 든다면, 그것은 그에게 사랑 체험을 하도록 권할 것입니다.

즐거움은 건강에 기여합니다. 심리학자들은 인간이 즐거움을 추구하는 일이 가로막힐 때 병이 난다고 말합니다. 즐거움을 포기하는 사람에게는 인생사가 힘들어집니다. 이로써 그는 자기 자신을 병들게 합니다.

베네딕토 성인은 자신이 작성한 《수도 규칙》 머리말에서 수도 생활에 관심을 가진 이들에게 이렇게 묻습니다.

"누가 삶에 대한 의욕을 지니고 있는가?"

그러므로 삶을 온전히 살지 못하면서 안락하게 살기만을 바라는 사람은 수도원에 들어오지 말아야 합니다. 수도자가 자신이 원하는 모든 것을 할 수 있다고 해서 삶에 대한 욕구가 채워지는 건 아닙니다. 오히려 베네딕토는 충만한 삶을 살 수 있는 방법으로 시편 구절을 제시합니다.

"생명을 갈망하고 좋은 것 보려고 장수를 바라는 이는 누구인가? 네 혀는 악을, 네 입술은 거짓된 말을 조심하여라. 악을 피하고 선을 행하며 평화를 찾고 또 추구하여라."(시편 34,13-15)

악을 피하고 선을 행하는 사람만이 삶에 대한 즐거움을 느낄 것입니다. 그러므로 즐거움은 무질서와는 아무 관련이 없고 충만한 삶, 하느님의 뜻을 따르고 조화를 이루면서 사는 삶과 관련이 있습니다.

베네딕토는 참된 삶으로 가는 길이 처음엔 좁고 힘들다고 확신합니다. 그렇지만 이 길을 가는 사람은 "마음이 넓어지고, 이루 말로 다할 수 없는 행복과 사랑을 느끼면서 하느님 계명의 길을 간다."라고 하지요. 라틴어 원문에는 이 대목에 사랑의 달콤함이 언급되어 있습니다. 그러므로 사랑을 맛보아야 합니다. 우리는 사랑의 기쁨을 느낄 수 있습니다. 사랑은 달콤한 맛을 냅니다. 마음이 넓어지고 온갖 비좁음에서 벗어나야만 이 사랑에 이를 수 있습니다.

영적인 삶을 추구하는 사람 중에는 즐거움을 두려워하는 이들도 일부 있습니다. 그런 사람들은 즐거움에 의존하는 것과, 자제력이 없는 것, 외부에 의해 영향을 받는 것을 혼동합니다. 그렇지만 즐거움은 기쁨과 관련이 있습니다. 즐거움은 영혼의 편협함을 몰아내고, 우리를 유익하게 합니다.

모든 즐거움을 피하는 사람은 일을 해도 흥미가 없고, 일상생활에서도 의욕이 없습니다. 종국엔 자신의 영성을 일굴 마음도 없게 됩니다. 그에게는 삶에 대한 즐거움이 없습니다. 즐거움을 피하는 사람들은 대부분 그 즐거움에 압도될까, 자제력을 잃게 될까 두려워합니다. 그런 사람들은 모든 것을 통제하려 합니다. 그렇지만 이러한 자기 통제는 삶을 제한적으로 만듭니다. 서로 교류하는 것은 인간 삶의 일부입니다.

철학자 프리드리히 니체는 이렇게 말합니다.

"모든 즐거움이 영원하기를 바란다. …… 끝없이, 끝없이 영원하기를 바란다!"

항상 즐거움을 체험하고 싶습니다. 즐거움 안에 삶과 행복에 대한 약속이 숨어 있으니까요. 이 모든 것은 추상적이지 않습니다. 즐거움이라는 것은 먹는 것에 대한 즐거움, 사랑을 나누는 것에 대한 즐거움, 좋은 포도주 한 잔을 마시는 것에 대한 즐거움도 의미합니다. 우리를 기쁘게 하는 모든 것은 하나의 위안이 됩니다. 이는 우리가 느끼는 슬픔과 고통의 치료제입니다.

 운동

땀 흘리며 걱정 씻어 내기

　마음이 우울한 사람들이 집에 틀어박힌 채 자신의 상태를 곱씹는 것은 도움이 되지 않습니다. 그렇게 생각하고 또 생각하는 것은 마음을 더 우울하게 만들고, 그들을 심각한 상태로 내몹니다. 그래서 밖으로 나가 걸으면서 자기 자신을 느끼는 것이 좋습니다.

　일상의 문제가 우리를 압박할 때가 있지요. 직장에서 일하며 화가 날 때, 가족에 대한 걱정이 너무 클 때에는 땀이 비 오듯 흐를 정도로 열심히 운동하는 것이 좋습니다. 땀을 흘리면서 마음을 짓누르는 온갖 자잘한 것을 씻어 낼 수 있기 때문이지요. 열심히 운동한 뒤에 지치거나 피곤함을 느끼는 것은 중요하지 않습니다. 바로 이 감정 자체가 걱정이나 화를 잊게 합니다. 이제 우리는 자기 자신만 느낍니다. 그러면서 기진맥진할 정도로 힘쓴 것에 뿌듯한 마음이 듭니다.

사람들과 함께 축구 경기나 핸드볼 경기를 할 때 이러한 감정이 고조됩니다. 우리는 다른 사람에게 그리고 경기에 전적으로 몰입합니다. 그런 가운데 집에서 우리를 압박하는 것을 잊습니다. 물론 승부를 겨루는 시합에서 이긴다면 위안은 더 크겠지요. 그러나 오랫동안 마음껏 축구 경기를 펼친 사람은 경기에 지는 것도 위안의 일부임을 압니다. 우리는 최선을 다한 것입니다. 이것은 좋은 감정도 불러일으킵니다.

최근 많은 사람이 조깅을 즐깁니다. 조깅은 단순한 운동입니다. 그러나 영혼을 유익하게 합니다. 물론 매번 더 빨리, 더 멀리 달려야 한다는 압박을 받지 않아야 그렇습니다. 중요한 것은 천천히 달리는 일에 온전히 몰입하는 것, 지금 나를 억누르는 온갖 걱정과 힘든 일에서 벗어나 자유로이 달리는 것입니다.

달리든지, 산에 오르든지, 수영하든지, 자전거를 타든지 간에 운동은 우리가 몸을 더 강렬히 지각하게 할 뿐만 아니라 우리 영혼도 유익하게 합니다.

운동은 삶입니다. 운동은 우리를 생기 있게 유지시켜 주고, 긴장을 풀도록 합니다. 또한 혈액 순환을 촉진시키고, 오늘날 의료인들이 알고 있듯이 뇌도 활발히 움직이게 합니다. 이는 몸 전체와 영혼에 효과적으로 작용합니다. 또한 운동을 통해 행복 호르몬이 분비되어 기분도 밝아집니다.

에너지가 소모되는 운동은 힘들 수 있습니다. 일로 인해 이미 소진되었거나 일 때문에 실망했을 때, 운동이 우리를 내적 원천과 교류하게 합니다. 운동하는 시간이 힘들더라도 우리는 어떤 내적 활력을 감지합니다. 일상의 걱정이 싹 씻겨 나간 듯하고, 머릿속이 다시 맑아집니다. 야외에서 몸을 움직이며 우리는 창조 세계를 직접 체험합니다. 그런 가운데 생명의 무한한 충만함 같은 것을 감지하게 됩니다. 우리는 그 충만함에 함께할 수 있습니다.

 음식

몸과 영혼의 양식

2020년 여름, 베네딕토 16세 전임 교황은 로마에서 레겐스부르크˚로 향했습니다. 병세가 악화된 형 게오르크를 만나기 위해서였습니다. 두 형제는 언론 보도와 같이, 함께 사과 파이를 맛있게 먹는 것으로 작별 인사를 대신했습니다. 사과 파이를 먹으며 어린 시절을 떠올리는 것은 그들에게 위안이 되었습니다. 작별하는 상황에서 어린 시절을 추

● 바이에른주에 있는 매우 오래된 도시로 도나우강 연안에 있음.

억하는 것은 두 형제를 서로에게 그리고 그들의 가족사와 연결해 주었습니다.

"먹고 마시는 것은 몸과 영혼을 결속시킨다."라는 오래된 속담이 있습니다. 슬픔을 극복해야 하는 경우에 먹는 행위는 가장 오래되고 전 세계적으로 널리 알려진 공동 의식 중 하나입니다.

장례식을 마친 뒤에 사람들은 통상적으로 함께 식사를 합니다. 한자리에 모인 가족과 친척, 지인들은 함께 식사하며 고인을 떠올립니다. 운터프랑켄˚ 지방에서는 이렇게 장례식 후의 식사나 술자리를 '위로자'라고 부릅니다. 장례식을 마치고 함께 모여 식사하거나 술을 몇 잔 마시는 일은 슬픔을 감사로, 또한 종종 기쁨으로도 바꿀 수 있음을 경험을 통해 알 수 있습니다.

- 바이에른주의 북서부 가장자리에 있는 행정구로, 유서 깊은 프랑켄 지방의 일부임.

아이가 슬퍼하면, 엄마는 아이가 좋아하는 음식을 만들어 줍니다. 그 음식은 아이의 위를 통과하며 위안이 됩니다. 위는 우리가 사람들과 맺는 관계에 대해 대단히 민감하게 반응합니다.

우정이나 사랑이 깨지면, 그것은 위에도 큰 영향을 미칩니다. 이때 당사자는 전혀 아무것도 먹지 못합니다. 때로는 마구 먹는 것으로 그 문제를 덮어 버립니다. 이 두 가지 방법은 위안이 되지 않고 오히려 고통만 야기합니다. 그렇지만 위기 속에서도 의식적으로 좋은 음식을 먹으려 애쓰고 먹는 것을 천천히 즐긴다면, 이 또한 위안이 될 수 있습니다.

내 안의 모든 게 꽁꽁 얼어붙은 것처럼 느껴질 때 누군가가 나를 위해 만들어 준 따뜻한 스프의 온기로 그 사람이 지닌 애정의 온기를 감지하게 되면, 그것은 몸과 영혼에 좋습니다. 이제 우리는 바로 고통 속에 삶의 다른 차원이 있음을 인지하고 그 맛을 느낄 수 있습니다.

"사랑은 위를 통과해 간다."라는 속담도 있습니다. 집에서 아내 또는 남편은 특별한 요리를 만들면서 자신의 완전한 사랑을 그 안에 집어넣습니다. 부부는 함께 식사하면서 이 사랑을 맛보고 누릴 수 있습니다. 이는 부부 싸움을 한 뒤에도 의식적으로 화해하고 서로 사랑을 확인하는 좋은 방법일 것입니다. 그러므로 함께 식사하는 것은 힘든 시기에 풍미를 내는 위안이 됩니다.

 낮잠

활기를 되찾는 시에스타

로마에서 연학했던 4년 동안 낮잠 자는 게 습관이 되었습니다. 고대 로마인은 '시에스타siesta'에 관해 말합니다. '시에스타'란 여섯째 시간, 육시경[*]을 의미합니다. 남쪽 나라에서는 이 시간에 날씨가 무척 덥습니다.

요즘 제가 낮잠을 자는 이유는 이 시간에 이곳 기온이

● '시간 전례Horen'에서는 아침 기도와 저녁 기도 사이를 셋으로 나누어 삼시경, 육시경, 구시경을 바치는데 삼시경은 오전 9시경을 말하고 육시경은 정오에 해당하며 구시경은 오후 3시경을 가리킴.

특히 높기 때문이 아닙니다. 그렇지만 독일 사람들은 일상에서도 '한낮의 열기'에 관해 말하는데, 이는 온갖 스트레스를 의미합니다.

제가 수도원 재정 관리자로 일했던 시절에 오전에는 이따금 경제적 문제들을 놓고 격렬한 논쟁이 벌어졌습니다. 그러고 난 뒤에는 낮잠을 잤는데, 당시 낮잠이 저에게 위안이 되었습니다. 더 이상 그 격렬한 논쟁에 관해 생각에 깊이 빠지지 않았습니다. 저는 침대에 누워 편안히 숨을 쉬면서 모든 것을 내려놓았습니다. 그리고 이제 나는 아무것도 해결할 필요가 없다고, 아무것도 할 필요가 없다고 생각했습니다. 그리고 자명종이 30분 후에 울리도록 맞춰 놓은 뒤, 이 시간을 즐겼습니다. 이때 잠들든지 멍하니 있든지, 이건 전혀 중요하지 않습니다. 아무튼 30분 뒤, 저는 활기를 되찾았습니다.

우리 수도자들은 아침에 일찍, 4시 반에 일어납니다. 그래서 우리에게 낮잠은 하루 일과를 잠시 중단할 수 있는 좋은 수단입니다. 이렇게 낮잠을 잔 뒤 저는 심신이 회복되고 새 힘을 얻어 오후 일을 다시 시작합니다. 저에게 낮잠은 매일 기쁨을 줍니다. 여행 중에는 대체로 낮잠을 안 잡니다. 그러나 잠시 쉬는 것은 언제나 허락합니다. 쉬면서 저는 단순히 있습니다. 그리고 지금 저를 붙잡고 있는 문제들을 놓아 버립니다.

낮잠은 면역 체계를 강화시키고, 추간판*이 튼튼해질 수 있으며, 암이나 심장병에 걸릴 확률도 낮춘다고 의사들은 말합니다. 심리 치료사들도 낮잠이 자율 신경계에 좋은 영향을 미치고, 마음을 안정시킨다고 강조하면서 낮잠 잘 것을 적극 권유합니다. 낮잠은 저를 이롭게 합니다.

● 척추뼈 사이사이에 있는 둥근 판상의 물렁뼈를 말하는 것으로, 척추의 운동과 충격을 완화시키는 역할을 함.

걷기

단순히 앞으로 나아간다

휴가 때는 장거리 여행을 하지 않습니다. 대신 형제자매들과 함께 산길을 걸어가면서 그간 지친 몸을 회복하려고 합니다. 그런 가운데 형제자매들과 더 가까워집니다. 그렇지만 침묵하면서 홀로 걸어갈 때도 많습니다. 그렇게 걸어가면서 발걸음에 주의를 기울입니다.

산을 오를 때는 땀이 흐르는 것을 내버려 둡니다. 때로는 힘들지만, 이렇게 일정한 보폭으로 걷는 것은 몸에 유익합니다. 저는 아직 몸을 움직일 수 있습니다. 그리고 제 몸을 느낍니다. 그리고 저를 둘러싼 자연을 감지합니다.

한 시간 정도 걸은 뒤에는 잠시 쉬면서 주변의 멋진 경치를 바라보는 것이 좋습니다. 바위가 많은 산, 푸른 풀밭, 산속의 작은 호수 등 돌아보면 주변 경관이 참 아름다울 것입니다. 힘들게 오른 산 정상에서는 충분히 쉬면서 가져온 간식을 천천히 먹습니다. 이는 제 몸과 영혼을 유익하게 합니다. 그러고 나면 기쁨과 생기를 느낄 수 있습니다.

땀을 흘리며 힘들게 걸어 올라온 일은 멋진 전망으로, 충분히 쉬면서 몸이 지친 것을 즐기는 것으로 보상받습니다. 편안히 자리에 앉아 있으면, 이 힘든 길을 올라온 것이 참 뿌듯합니다. 저는 정상에 올라온 기쁨을 이 길을 함께 올라온 형제자매들과 나눕니다. 우리는 함께 식사하고, 즐겁게 대화를 나누며 서로 기뻐합니다.

제가 더 젊었을 때에는 30~60명에 이르는 청소년들과 함께 슈타이거발트*를 걸어서 지나갔습니다. 우리는 날마다

● 바이에른주의 프랑켄 지방을 일부 끼고 넓게 펼쳐진 지역으로, 대단위 자연 보호 구역임.

약 25~30킬로미터를 걸었고, 한 시간은 침묵하면서 걸어갔습니다. 숲을 지나 걸어가는 것, 신선한 공기를 들이마시는 것, 걷기와 내적 생각에 전적으로 집중하는 일은 매우 좋았습니다. 그렇게 걸은 뒤 우리는 자주 쉬어 가면서 서로 많은 기쁨을 누렸습니다.

걸어가는 것은 공동체, 관계를 형성합니다. 그러나 걸어가면서 혼자 있는 시간도 가져야 합니다. 각자 자신의 길을 홀로 갑니다. 그러고 나서 우리는 다시 함께 걷고, 서로 의견을 나눕니다. 그러면서 한 사람이 다른 한 사람을 지켜 준다는 것을 경험하게 됩니다.

저 역시 슈타이거발트에 혼자 간 적이 많습니다. 일주일 동안 홀로 숲을 지나 걸어가기도 했습니다. 여러 번 길을 잃고 헤매기도 했지만요. 일정한 보폭으로 걷는 것은 정신을 생기 있게 유지시켜 줍니다. 그것은 힘이 들기도 하지만, 몸도 유익하게 합니다. 자신에게 맞는 리듬을 찾아내고 이 리듬에 따라 걷다 보면, 마치 몸이 저절로 움직이는 듯 합니다.

저는 걸어가면서 힘이 드는 것에는 신경 쓰지 않습니다.

단순히 앞으로 나아갑니다. 이렇게 걸으면 저 자신과 조화를 이루는 느낌이 듭니다. 자유로움을 느끼지요. 평소 저를 압박하는 온갖 걱정과 문제에서 벗어나 자연 속에서 자유로이 걸어 다닙니다. 그런 가운데 몸이 가뿐해질 뿐만 아니라, 정신도 자유로워집니다.

그렇게 걷다 보면 좋은 생각이 떠오를 때도 많습니다. 아리스토텔레스학파에서 생겨난 그리스 철학자들인 이른바 '소요학파'에 속한 이들이 걸어가면서 자신들의 생각을 펼치고 서로 의견을 교환한 것은 이유가 없는 게 아닙니다.

독일어로 '이리저리 걸어 다니다, 널리 각지를 돌아다니다wandern'는 '바꾸다wandeln'와 '변모하다verwandeln'와 연관이 있습니다. 걸어 다니는 사람은 바뀝니다. 그는 변모됩니다. 변모의 목표는 하느님께서 나에게 새겨 주신 본래의 모습, 남들이 내게 덮어씌운 상像들에 의해서 종종 감춰진 그 본래 모습을 되찾는 것입니다.

저는 '걸어 다니는 것, 돌아다니는 것'을 세 가지 관점에서 바라봅니다. 이 세 가지 관점은 제 삶에 대한 하나의 상징이기도 합니다.

첫째, 저는 이곳저곳으로 돌아다닙니다. 아브라함은 고향과 친족과 아버지의 집을 떠나, 주님께서 이르신 곳으로 갔습니다(창세 12,1 참조). 이것이 우리 수도자들에게는 세 가지에서 벗어나야 한다는 것을 보여 주는 표상입니다. 의존, 지난날의 감정, 눈에 보이는 것에서 벗어나는 것입니다. 이리저리 돌아다닌다는 것은 이런 의미입니다. 저를 구속하는 것들, 사람, 습관, 과도한 욕망, 열정에 매여 있는 것을 뛰어넘는 것입니다. 그렇게 되면 자유로이 돌아다니게 됩니다.

둘째, 돌아다니는 것을 저는 제가 마냥 서 있지 않는다는 관점에서도 풀이합니다. 저는 저의 길을 계속 걸어갑니다. 명성을 얻은 뒤에도 노력을 게을리 하지 않습니다. 물론 길을 가면서 잠시 쉬기도 합니다. 저는 멈춰 서서 새 힘을 얻습니다. 그리고 제가 가는 길에 대해 곰곰이 생각합니다. 그러고 나서 계속 걸어갑니다. 제 삶은 끊임없이 본질적인 것, 근원적인 것, 참된 것 안으로 들어가 변모되어야 하니까요.

셋째, 저는 목적지를 향해 걸어갑니다. 두 발로 걸어가는 가운데 산 정상, 고원 목장의 오두막, 순례 성당 등 구체적인 목적지들이 나타납니다. 상징적으로 말하면, 마지막에는 하느님이 계십니다. 저는 그분을 향해 걸어가는 것입니다. 이와 관련해 낭만주의 시대의 시인 노발리스가 아름답게 표현하여 널리 알려진 문구를 떠올려도 좋겠지요.

"우리는 도대체 어디로 가고 있는가? 언제나 집으로 가고 있다!"

결국 저는 언제나 고향을 향해 걸어갑니다. 저의 고향이 아니라 미래의 고향, 하느님을 향해.

놀이

즐겁게 노는 일에 푹 빠져 보기

학창 시절에 저는 축구를 대단히 좋아했습니다. 특히 다른 팀과 축구 시합을 벌일 때면, 자주 흥분했습니다. 축구를 하는 동안에는 다른 모든 것을 잊었습니다. 요즘엔 우리 수도원 부속 학교에 다니는 학생들이 축구하는 모습을 보게 되는데, 그럴 때마다 발이 근질거립니다. 가장 좋은 것은 제가 학생들과 함께 뛰면서 축구 경기를 하는 것이겠지요.

예전에 축구하면서 행복감을 맛본 적이 있습니다. 제가 골을 넣었을 때는 물론, 정확히 패스하여 우리 편 선수들이 공을 잘 받아넘기며 경기가 순탄하게 진행되었을 때도 그랬습니다. 어느 팀에 소속되어 경기를 펼치는 것, 그 팀을 위해 전력을 다하는 것, 물론 될 수 있는 한 경기에 이기는 것은 저를 늘 매료시켰습니다. 요즘에도 선수들이 합심하여 창의적으로 또 열정적으로 경기에 몰두하는 모습을 보면 깊이 감동합니다.

열성적인 축구 팬들이 자신을 어느 팀과 동일시하며 함께 흥분하는 것, 경기에 마음을 완전히 빼기는 것은 절대 패자여서는 안 되고 승자 편에 서려는 갈망과 연관이 있습니다. 그것은 성공한 삶을 살고자 하는 갈망입니다. 또한 결속에 대한 갈망, 소속감을 갖고 싶다는 바람이지요.

놀이는 그 어원에 비추어 볼 때 의미와 중요성을 지닙니다. 갈망을 향한 사람들의 영혼 안에 숨어 있는 것을 행동을 통해 해소하는 것입니다. 철학자들은 놀이가 모든 문화의 출발점에 서 있고, 원래는 종교에서 나온 것이라고 말합니다. 이와 관련해 네덜란드의 문화역사가이자 철학자로《호모 루덴스》라는 책을 쓴 요한 하위징아는 놀이할 때 드는 고도의 집중력과 그에 대한 참여, 엄숙하면서도 진지한 태도가 의미하는 바가 무엇인지 풀이합니다. 그리고 특정한 규칙과 순서에 따라 진행되는 "놀이의 거룩한 진지함"에 관해서도 언급합니다. 사람들은 놀이하면서 자기 삶에 중요한 것을 신(하느님) 앞에 놓았습니다. 그리고 의식 행위와 전례라는 거룩한 놀이, 제식을 거행하면서 신(하느님)이 자신들에게 내어 주는 것들을 제물로 바쳤습니다.

그리스도인들은 전례 안에서 우리의 구원을 위한 축제를 지냅니다. 우리는 예수님이 주시는 내적 자유 안으로, 그리고 그분이 당신의 말씀과 행위와 구원 사업을 통해 우리에게 보여 주신 길(지침)들 안으로 들어가 놀이하는 듯합니다. 놀이를 잘한다는 것은 결국 언제나 이런 것입니다. 구원받은 인간의 자유 속으로 들어가 놀이하는 것, 하느님 앞에 있음에 대한 기쁨 속으로 들어가 놀이하는 것입니다.

목욕

깨끗하게 상쾌하게

목욕은 영혼을 유익하게 합니다. 우리는 아름다운 호수에서 몸을 씻을 수 있습니다. 그러나 욕조에 몸을 담그고 따뜻한 물로 기분 좋게 씻기도 합니다.

제약 산업은 이러한 점에 착안하여 매우 쾌적하게 목욕할 수 있는 다양한 부수 제품을 개발했습니다. 건강을 위한 목욕, 감기 치료를 위한 목욕, 긴장 완화를 위한 목욕도 있습니다. 방향유와 약용 식물을 혼합하여 목욕하는 방법도 알려져 있는데, 이때 약용 식물은 따뜻한 물과 함께 몸의 건강을 촉진시키는 효과를 냅니다.

이미 고대인들은 따뜻한 물로 목욕하는 것이 유익하다는 것을 알았습니다. 그러므로 건강을 위한 목욕에 사용되는 어떤 제품이 "새 에너지를 깨어나게 합니다. 기분을 상쾌하게 하고 생기도 불어넣어 줍니다!"라는 약속을 슬로건으로 내놓는다면, 그것은 단순한 광고 이상입니다.

어린 시절에 우리 형제들은 토요일 저녁이면 큰 욕조에 들어가 그곳에 누워 편히 쉬었습니다. 그러나 요즘엔 욕조에 들어가 긴장을 풀 시간을 거의 내지 못합니다. 샤워하는 게 더 빠르고 더 효과적입니다. 그러나 여유를 가지고 느긋하게 샤워하는 것을 즐길 때 유익한 효과를 경험할 수 있습니다. 샤워하며 저를 깨끗하게 해 주고 기분도 상쾌하게 해 주는 물을 느낍니다. 샤워를 마치고 나면 마치 새로 태어난 듯합니다.

저는 휴가 때 여동생이 사는 지역에 있는 슈타펠 호수에서 수영을 즐기곤 합니다. 그곳은 아주 고요한 호수입니다. 사람들이 비교적 덜 찾는 곳이라 편안한 마음으로 수영을 합니다. 몸이 물에 의해 떠받쳐진 듯한 느낌도 들고, 이 호수에서 흘러나오는 평화도 누릴 수 있습니다. 그리고 주변의 산들을 경이롭게 바라봅니다. 가끔 가벼운 물결이 일고 햇살이 반짝이는 수면을 가르면서 수영할 때도 있습니다. 늦은 오후나 초저녁에 호수에서 수영하는 가운데 잔잔한 물결을 통해 평온함을 느낍니다. 이는 독특한 분위기를 자아냅니다. 큰 소리는 들리지 않습니다. 몇 사람만 이 고요한 시간에 평온하게 수영을 하고 있습니다.

처음 물속에 들어갈 때는 찬기가 느껴지지만, 수영을 마친 뒤에는 따사로운 햇살에 몸을 맡기며 온기를 느낄 수 있습니다. 저는 수영의 좋은 효과를 깨닫습니다. 수영을 한 뒤에는 무언가를 한탄하거나 세상을 비난하지 않고 이리저리 문제들을 따지지도 않습니다. 이때 나누는 대화는 근본적인 것, 우리를 실제로 유지시키고 기쁘게 해 주는 것이 주제가 됩니다.

저는 어렸을 때 이미 호수에 매료되었습니다. 아버지는 우리 형제들을 집 근처의 조그마한 호수로 데려갔습니다. 그 호수는 굴삭기로 지하수를 끌어올려 인공적으로 만들어진 곳입니다. 아버지는 인내심을 발휘하며 어린 우리에게 수영하는 법을 가르쳐 주었습니다. 우리 형제들은 아버지 덕분에 수영할 수 있게 되어 기뻐했습니다.

지금도 저는 호숫가에 앉아 있기를 좋아합니다. 그렇게 호숫가에 앉아 평온을 누립니다. 제가 수영을 하지 않더라도 평온한 분위기가 호수에서 흘러나옵니다. 강이나 계곡에 있을 때도 그렇습니다. 계곡물은 좔좔 소리를 내며 흐르지만, 그 소리는 고요와 반대되는 것이 아닙니다. 오히려 그 물소리는 고요를 들을 수 있게 합니다.

우리 형제자매들은 힘들게 산행한 뒤 이따금 차가운 계곡물에 발을 담급니다. 그것은 지친 몸에 활력을 불어넣어 줍니다. 무엇보다 차가운 물 덕분에 장시간 걸어서 화끈거리는 발바닥과 발이 진정될 수 있습니다. 새롭게 활기를 느끼는 것은 유쾌하고 기분 좋은 감정입니다. 우리는 아주 달라져서 마지막 구간을 걸어갑니다.

수영은 몸과 영혼에 유익합니다. 등이 아프거나 등에 문제가 있을 때에는 수영하는 게 큰 도움이 됩니다. 마음이 경직되었을 때에도 몸을 일정하게 움직임으로써 그 상태를 완화할 수 있습니다. 이렇게 우리는 내적 문제들을 내려놓을 수 있습니다. 수영하면서 우리는 자신이 물에 의해 떠받쳐진다는 것을 느낍니다. 그리고 태아가 모태 안에서 누렸던 편안한 상태를 체험합니다. 마치 우리가 태어나기 전에 누렸던 그 낙원 같은 상태에 도달하는 듯합니다. 이는 물속에 있을 때 왜 기분이 좋은지, 수영하는 것이 왜 우리를 행복한 상태로 옮겨 주는지 밝혀 주는 한 가지 중요한 이유일 것입니다.

저는 아이들이 어찌하여 물에 매료되고, 물속에서 놀고 싶어 하는지 종종 자문했습니다. 그것은 아마 아이들이 모태 안에서 체험했던 낙원 같은 상태와 관련이 있을 것입니다. 성경은 낙원(에덴동산)에서 강 하나가 흘러나와 네 줄기를 이루고 그 네 개의 강이 흘렀다고 우리에게 전합니다(창세 2,10-14 참조).

철학자 베른하르트 벨테는 목욕에 관해 골똘히 생각하다가 물속에 다음과 같은 약속이 숨어 있다는 것을 떠올렸습니다.

"목욕하는 것은 창조가 시작되었을 때 나온 한 작품이다. 그것은 창조의 늦둥이인 우리 인간에게 위안을 주기 위해 마련된 것이다."

우리는 물속에 있을 때마다 우리에게 생기를 주고 열매를 맺게 하는 물에 관한 그 무엇을, 낙원에서 퍼져 나오는 평온과 평화에 관한 그 무엇도 감지할 수 있습니다.

물가에 오랫동안 앉아 있는 사람은 마음이 평온해집니다. 그는 지금 자기가 바라보는 강이 수천 년 전부터 그렇게 흐르고 있다고 생각합니다. 그는 자신을 억압하는 모든 문제를 상대화하며 그 문제들을 씻겨 내려가게 합니다.

 포도주

조금씩 천천히 음미하기

휴가 때 집에 가면, 저녁 식사 중에 형제자매들과 함께 포도주 한 잔을 마십니다. 누이들이 만들어 온 이탈리아 음식을 먹으며 마시는 적포도주는 특히 맛이 좋습니다. 이렇게 이탈리아 음식과 적포도주는 우리에게 삶을 가볍게 해 주고, 기쁨도 느끼게 해 줍니다.

저는 이탈리아에 머물렀던 시절에 삶에 대한 기쁨을 종종 체험했습니다. 토스카나에서는 저녁 식사 때 그 지역에서 생산된 딱딱한 치즈와 곡물 빵과 함께 적포도주 한 잔을 즐겼습니다. 그 자리에 함께 있던 우리는 아주 천천히 먹고 마셨습니다. 느긋하게 따뜻한 저녁 식사를 하면서 적포도주 한 잔과 치즈 한 조각을 즐기는 것은 온갖 걱정을 몰아냅니다. 그 순간 삶은 단순하고 아름다울 뿐입니다.

시편 저자는 포도주(술)를 인간의 위안으로 여기며 "인간의 마음을 즐겁게 하는 술"(시편 104,15)이라고 묘사합니다. 그리고 집회서 저자는 그리스적 지혜와 유다적 지혜를 결부시켜 지혜를 가르친 스승으로 술에 대해 이렇게 말합니다.

"술은 알맞게 마시면 사람들에게 생기를 준다. 술 없는 인생이란 도대체 무엇인가? 술은 처음부터 흥을 위해 창조되었다."(집회 31,27)

성경은 술을 통해 받는 위안을 알고 있습니다. 물론 술이 초래하는 위험도 알고 있습니다. 사람들이 진탕만탕 퍼마시고 더 이상 절제하지 못할 때 술은 해를 끼칩니다.

포도주를 단숨에 마셔 버리거나 입속으로 쏟아 붓는 행위는 삼가야 합니다. 이는 포도주의 본질에 어긋납니다. 포도주는 천천히 조금씩 마셔야 합니다. 우리는 포도주를 마시면서 시간도 함께 마십니다. 포도가 자라도록 태양이 투자한 시간, 포도가 익는 시간, 사람들이 포도밭에서 일한 시간, 포도를 수확한 시간, 포도주가 만들어져 저장된 시간, 보존된 시간 등이지요. 우리는 포도주 안에서 그 포도주가 생산된 지역의 흙 속에 섞인 성분들, 흙냄새를 감지합니다. 그러면서 우리는 자연과 함께합니다.

포도주를 단숨에 마시는 사람은 냄새 맡고 맛보고 음미할 시간을 내지 못합니다. 그런 사람은 포도주에서 아무것도 인지할 수 없을 것입니다. 그러므로 포도주를 올바르게 마시는 문화가 필요합니다. 그렇지 않으면 포도주는 위안이 될 수 없습니다.

포도주 마시는 문화를 일구는 사람은 단지 포도주만 즐기는 게 아닙니다. 그에게는 시간도 소중합니다. 시간은 값진 것이 됩니다. 그러나 삶을 즐기지 않는 사람에게는 포도주를 즐기는 것도 해가 됩니다. 그는 자신의 결핍된 삶을 달래기 위한 대용물로 포도주를 마시니까요.

포도주는 삶의 기쁨을 드높이고 심화합니다. 그렇게 해야만 포도주가 위안이 됩니다. 포도주는 삶의 기쁨을 연습하는 장이 될 수 있습니다. 그러나 포도주가 자신이 살아보지 못한 삶이나 무능력을 달래기 위한 대용물이 되어서는 결코 안 됩니다. 포도주는 삶에 도전하는 사람, 힘들게 살아가는 중에도 친구들과 함께 포도주를 즐기는 시간을 내는 사람에게 위안이 됩니다.

잠

조용한 위로자

헤르만 헤세는 이렇게 말했습니다.

"잠은 자연의 값진 선물, 친구이자 애인, 마법사이자 조용한 위로자다."

토마스 아퀴나스도 잠을 슬픔과 고통에 효과적인 위안으로 여깁니다. 그러면서 그는 아우구스티노 성인이 다음과 같이 한 말과 연관 짓습니다.

"나는 잠이 들었다. 그리고 다시 깨어났다. 그런 다음 나의 고통들이 크게 완화되었음을 알았다."

토마스 아퀴나스는 암브로시오 성인이 지은 찬가 〈만물

의 창조주이신 주님Deus creator omnium〉과도 연관 짓는데, 둘째 연에 잠자기 전에 우리가 청하는 내용이 담겨 있습니다.

"지친 몸을 편히 쉬게 해 주십시오.
낮에 일할 수 있도록 새 힘을 주십시오.
고통 받는 영혼들의 짐을 벗겨 주십시오.
걱정과 슬픔을 조용히 없애 주십시오."

토마스 아퀴나스에게 잠은 몸을 편안한 상태로 이끄는 것입니다. 잠이 몸을 "생기 있게 움직이는 본래 상태로 되돌려 주기" 때문입니다. 그러므로 잠은 몸의 상태에 부합합니다. 자연 전체가 그러하듯, 몸은 일정한 리듬 안에서 움직입니다. 자연은 성장과 쉼이라는 리듬에 따라 살아갑니다. 우리 인간도 휴식과 활동, 잠자기와 깨어 있기, 또는 베네딕토 성인이 표현하듯이 기도하기와 일하기, 멈추기와 행하기라는 리듬에 따라 살 때에만 건강합니다. 몸이 자기에게 제시하는 리듬에 따라 사는 사람은 건강하게 살 수 있습니다(요즘엔 사람들이 바이오리듬에 관해서도 말하지요). 그런 사람의 몸은 슬픔이 자리 잡은 영혼에 좋은 영향을 미칩니다.

잠은 하느님께서 우리를 돌보아 주신다는 신뢰의 표현이기도 합니다. 하느님이 우리를 돌보지 않으시면, 우리가 기울이는 모든 노력은 허사가 되고 맙니다. 우리는 노후를 위해 대비할 수 있습니다. 그러나 우리가 아무리 애쓴다 한들, 예컨대 화폐 가치가 하락하거나 거센 폭우로 집이 무너지는 일, 어떤 일이 실패로 끝나 버리는 것은 막을 수 없습니다. 즉, 우리는 자신의 삶에 안전장치를 달 수 없습니다. 공동생활, 함께 사는 삶이 행복하도록 통제할 수도 없습니다. 이와 관련해 시편 저자는 잠을 찬미하며 다른 관점을 제시합니다. 잠을 자면서 우리를 하느님의 손에 맡겨 드리라고 하는 것입니다.

영적 동반을 하며 저는 상태가 안 좋은 사람들의 말을 자주 듣습니다.

"하지만 잠은 깊이 잘 수 있습니다. 이에 대해서는 감사한 마음이 듭니다. 자면서 모든 것을 잊을 수 있어요."

좋은 잠은 우리를 짓누르는 문제들로 인해 힘들어하는 중에도 위안이 됩니다. 잠에서 깨어나면 우리의 상태가 더 나아집니다. 시편 저자는 이를 이미 알고 있습니다.

"저녁에 울음이 깃들지라도 아침에는 환호하게 되리라."(시편 30,6)

저녁에 우리에게 가득했던 슬픔은 잠을 자면서 사라집니다. 그것이 어떻게 이루어지는지 우리는 모릅니다. 하느님은 이따금 우리가 자는 동안 우리에게 꿈을 선사하십니다. 그 꿈은 슬퍼하는 우리에게 빛과 온기의 표상을, 그 희망 가득한 표상을 보여 줍니다. 대개 아침에 일어나면 그 꿈은 더 이상 떠오르지 않습니다. 그렇지만 자면서 꾼 꿈은 우리가 잠자리로 가져가는 문제를 이해합니다. 특히 우리가 자면서 하느님의 드넓은 손에 자신을 맡겨 드릴 때, 그리고 (교회 전통이 그렇게 하듯이) 하느님께 좋은 꿈을 꾸게 해 달라고 청할 때 우리는 신뢰할 수 있습니다. 잠이 우리가 느끼는 슬픈 감정에 유익한 작용을 한다는 것을 말입니다.

지치거나 피곤한 상태에서는 그저 졸릴 뿐, 잠들 수 없습니다. 그러나 기분 좋게 피곤하면 곧 잠들게 되고, 자면서 하느님의 드넓은 손에 자신을 맡겨 드릴 수 있습니다. 우리는 이러한 피곤함을 즐길 수 있습니다. 이러한 피곤함은 몸을 회복하는 데 도움이 됩니다. 지쳐서 침대에 쓰러질 때에는 몸이 무겁게 느껴집니다. 그러나 기분 좋게 피곤할 때에는 우리 자신을 내려놓을 수 있습니다. 그리고 하느님의 드넓은 손에 자신을 맡겨 드릴 수 있습니다. 이는 예수님이 십자가상에서 신심 깊은 유다인들과 함께 바치셨던 가장 감동적인 저녁 기도입니다.

"아버지, 제 영을 아버지 손에 맡깁니다."(루카 23,46)

모차르트는 1787년 4월 4일, 아버지에게 편지를 썼습니다. 그가 서른한 살 때 쓴 이 편지 내용은 널리 알려져 있습니다.

"저는 오늘과는 다른 내일을 보내겠다고 유념하지 않고서는 절대로 침대에 눕지 않습니다. 저를 아는 이들 가운데는 제가 무뚝뚝하다거나 슬퍼하는 모습을 보인다고 말하는 사람은 아무도 없습니다."

밤마다 하느님의 드넓은 손에서 편히 쉰다고 생각해 봅시다. 이는 죽음을 준비하기 위한 좋은 연습입니다. 그분의 손이 밤에 우리를 보호해 줄 것입니다. 그리고 우리가 죽을 때에도 우리를 붙잡아 줄 것입니다. 그러므로 잠은 죽음의 온갖 섬뜩함과 혹독함을 가져갑니다. 그리고 오늘 하루를 넘어서 우리 삶 전체에 위안이 됩니다.

6장

내적 원천의 힘

내적 원천

영혼 깊은 곳에 이르는 법

다른 사람들을 돕는 직업을 가진 이들에게도 때로는 도움이 필요합니다. 사회 복지 관련 종사자들과 사목 협력자들이 늘 다른 사람들을 위해서만 존재해야 하고 그들을 위로해야 한다면 머지않아 탈진하고 말 것입니다.

여기서 어떻게 해야 이러한 탈진과 심신을 소진한 상태에서 자신을 보호할 수 있는가 하는 물음이 제기됩니다. 자신의 내적 원천과 교류하는 것이 도움이 되는 한 가지 방법일 수 있습니다. 그러기 위해서는 침묵이 필요하고, 침묵하려면 시간을 내야 합니다. 침묵하면서 잡념, 남들의 기대치,

자기 비난을 통과하여 영혼 깊은 곳의 고요한 공간에 이를 수 있습니다. 그곳에 성령의 무한한 샘이 있습니다. 그렇지만 우리가 예수님의 영에 스며들어야만 이 샘에서 물을 길어 올릴 수 있습니다. 이 샘을 우리의 자아를 빛내기 위해서만 이용하거나 우리가 감당할 수 없는 것으로 간주한다면, 이 샘은 우리 안에서 흐르지 않을 것입니다.

그러나 우리가 자신의 자아를 물리치고 예수님의 영에 스며들어 있으면, 위로하는 것은 우리의 능력이 아님을 알아차리게 됩니다. 그리고 나서는 모든 사람을 위로해야 한다는 압박을 받지 말아야 합니다. 오히려 슬퍼하는 사람 곁에 머물 때 이 내적 원천에서 힘을 길어 올릴 수 있다는 것, 그리고 우리에게서 적절한 말이 나온다는 것을 신뢰하게 될 것입니다.

다른 사람을 위로하는 것은 우리가 아니라, 우리를 통하여 활동하시는 성령이십니다. 그러나 이때 겸손한 자세가 필요합니다. 우리는 성령을 우리 마음대로 할 수 없습니다. 성령께서 우리 안에 들어오시도록 마음을 열 수 있을 뿐이지요. 그렇게 하면 성령을 우리가 사람들에게 전해 주는 선물로서 체험할 수 있습니다.

과로했다고 느낄 때에는 겸손하게 우리의 한계를 받아들여야 합니다. 그러나 동시에 자문해야 합니다. 우리가 다른 사람들을 위로하고자 할 때 우리의 자아가 다시 고개를 쳐든 건 아닌지.

나

'상처받은 아이' 안아 주기

다른 사람을 위로하는 많은 사람이 이렇게 하소연합니다. "모두 내게 와서 위로 받기를 원한다. 그런데 누가 나를 위로해 주지?"

한 가지 방법은 위로가 필요한 사람으로서 누군가에게 겸손하게 청하고 그 사람과 대화를 나누는 것이겠지요. 하지만 이 방법을 어렵게 여기는 사람들이 적지 않습니다. 그러나 우리에게 도움이 되는 다른 방법이 있습니다. 우리 자신을 위로하는 것입니다.

우리가 위로받지 못했다는 느낌이 든다면, 그 이유는

대부분 '상처받은 아이' 때문입니다. 우리 내면에 있는 그 아이는 자기가 버림받았다고, 외면당했다고, 만족하지 않는다고, 이해받지 못했다고 말합니다.

그러나 이제 우리는 그저 상처받은 아이가 아닙니다. 우리는 성인입니다. 그러므로 우리가 할 일은 상처받은 아이를 다정하게 감싸 안아 주는 것, 그리고 위로하는 것입니다.

나는 버림받은 아이에게 이렇게 말합니다.

"어릴 적에 너는 네가 버림받았다고 느꼈지. 그리고 그때와 똑같은 감정이 지금 네 안에서 다시 솟구치고 있어. 하지만 나는 너를 절대로 버리지 않을 거야. 나는 항상 네 곁에 있어."

외면당한 아이에게는 이렇게 말합니다.

"나는 너를 바라보고 있어. 너는 내게 중요한 사람이야. 너는 소중한 존재야. 너는 이 세상에 하나밖에 없는 존재란다."

만족하지 않는 아이에게는 이렇게 말합니다.

"어렸을 때 너는 다른 사람들을 만족시켜야 하고 그들의 기대에 부응해야 한다고 늘 압박을 받았지. 그리고 네가 잘하지 못한다는 생각을 항상 했어. 그러나 나는 네가 좋아. 네 모습 그대로 충분해. 나는 너를 받아들일게. 나는 네게 아무런 요구도 하지 않아."

우리가 상처받고 위로받지 못한 아이를 안아 주면서 다정한 말을 건넨다면, 그 아이는 이 순간 위로받는다고 느낄 것입니다. 그리고 고통스러운 상황에서 더 이상 그렇게 큰 소리로 말하지 않을 테고, 점차 마음이 평온해질 것입니다. 그것을 표현할 수 있는 의식이 있습니다. 밤에 두 팔을 가슴 위로 교차하는 동작을 취하면서 이렇게 상상하는 것입니다.

'나는 내 안에 있는 강함과 약함, 건강한 면과 병든 면, 온전한 것과 깨져 버린 것, 효과 있는 것과 효과 없는 것, 성공한 것과 실패한 것, 잘 살았던 것과 잘 살지 못한 것, 밝은 면과 어두운 면, 생기 있는 것과 경직된 것, 내 안에서 불타오르는 것과 이미 다 타버린 것, 기쁨과 슬픔, 신뢰와 두려움, 믿음과 불신, 의식한 것과 의식하지 못한 것을 감싸 안는다. 나는 나 자신을 안아 주면서 나를 있는 그대로 받아들인다. 이로써 많은 에너지를 줄인다. 나는 나 자신과 조화를 이룬다. 나는 나에 대한 이상에 내가 부합하지 않는다는 이유로 종종 나 자신에게 분노하면서 가하는 공격적인 태도에서 나를 지킨다.'

이렇게 나 자신을 안아 주면서 나를 느낍니다. 나는 오롯이 내 곁에 있습니다. 나는 내 안에 안전하게 있습니다.

 눈물

우는 것도 치유가 된다

강도가 센 모든 감정은 눈물로 표현됩니다. 기쁨도 슬픔도 그렇습니다. 우리는 기쁠 때도 웁니다. 그러면 눈물이 기쁨을 증대합니다. 눈물은 누군가를 그의 본모습으로 데려갑니다. 눈물은 그가 자기 자신과 교류하게 합니다.

슬퍼하는 시기에 울음이 멈추지 않을 때가 있습니다. 이렇게 절제하기 힘든 울음은 우리를 점점 더 슬픔 속으로 들어가도록 몰아댑니다. 반면 울음이 슬픔을 바꾸어 줄 때도 있습니다. 더 이상 울 수 없는 사람은 그것 때문에도 괴로워합니다. 그는 자신을 무감각한 사람이라고 여깁니다. 바로 이것이 많은 사람을 불행하게 만듭니다.

울음은 우리의 슬픔을 사라지게 할 수 있습니다. 슬픔은 표현되지 않으면 점점 더 힘이 세지고 우리를 점령합니다. 그러나 눈물은 우리를 다른 사람들과 연결해 줍니다. 나는 눈물을 흘리면서 현재의 기분과, 나의 고통과, 나의 느낌과 함께 나 자신을 드러내 보입니다. 그러면서 다른 사람에게 기회를 줍니다. 그들이 내게 관심을 보이도록, 내 눈물을 참아 내도록, 내게 위로가 되도록 말입니다.

신학자 도로테 죌레가 이를 새롭게 표현했습니다. 눈물에 관한 시를 썼지요.

주님, 저에게 눈물의 은사를 주십시오.
저에게 언어의 은사를 주십시오.

저를 불신의 집에서 빼내 주십시오.
제 교육 방식을 정화시켜 주십시오.
저를 제 어머니의 딸이라는 역할에서 해방시켜 주십시오.

제가 쌓아 올린 방벽을 무너뜨리십시오.

제가 구축한 이지적인 요새를 허무십시오.

주님, 저에게 눈물의 은사를 주십시오.

저에게 언어의 은사를 주십시오.

도로테 죌레에 따르면, 눈물은 내가 지금까지 해 온 역할에서 나를 해방시킵니다. 눈물은 아무도 나에게 다가오지 못하도록 가슴에 두른 갑옷을 벗깁니다. 눈물은 그렇게 사람들에게 그리고 하느님께 나를 열게 합니다. 또 눈물은 나를 자극하여 새로운 언어로, 진실성 있는 언어로, 고통을 피하는 게 아니라 드러내는 언어로 표현하게 합니다.

도로테 죌레가 영적 관점에서 눈물이라는 주제에 접근하여 발견한 것은 오랜 전통을 지니고 있습니다. 초기 수도승들은 눈물의 여러 유형을 구분하고, 눈물의 영향을 세분화하여 기술했습니다. 눈물은 마음이 누그러지게 합니다. 마음이 굳은 사람은 태만함을 내비칩니다. 그런 사람은 자기 영혼과 교류할 수 없습니다.

에바그리우스에게 영적 태만은 눈물을 흘리려 하지 않는 마음이 굳은 사람을 가리키는 하나의 표지입니다. 그는 기도를 바칠 때마다 눈물의 은사를 청하라고 권고합니다.

"그대 마음 안에 있는 굳은 것이 그대가 흘리는 슬픔의 눈물에 젖어 부드러워지도록."

그가 관찰한 바에 따르면, 가식적인 눈물에는 무엇보다 자기 연민이 관련되어 있습니다. 그런 사람들은 자기 주위를 맴돌며, 자기 자신을 불쌍히 여깁니다. 자기를 내려놓는 대신 자기 자신을 꽉 붙들고 우는 것을 즐기지요. 삶에 대한 환상이 실현되지 않으니 고집 센 아이처럼 우는 것입니다.

반면 진정한 눈물은 (초기 수도승들의 증언에 따르면) 하느님께 이끌어 주는 다른 차원을 지닙니다. 어떤 사람은 이렇게 진정한 눈물을 흘리면서 자신에 대해 그리고 하느님에 대해 상상한 것들을 내려놓습니다. 그리고 자신이 누구인지, 하느님은 실제로 어떤 분인지 이러한 방식으로 알게 됩니다.

5세기 니네베의 이삭에게 눈물은 사람들이 사물의 본모습에 다가갔음을 보여 주는 하나의 표지입니다. 울음은 우리의 눈을 뜨게 합니다. 우리는 눈물 가득한 눈으로는 제대로 볼 수 없다고 생각합니다. 그렇지만 이삭은 다른 관점에서 출발합니다. 눈물을 흘리며 우는 것이 눈의 혼탁함을 정화시켜 주기에 우리가 현실을 더 명확하게 볼 수 있다고 합니다.

도스토옙스키는 이러한 체험을 주시하면서 죽음을 앞두고 하느님과의 만남에 대해 이렇게 씁니다.

"우리는 울게 될 것이다. …… 그리고 모든 것을 이해하게 될 것이다."

우리는 우는 가운데 통찰합니다. 이때 모든 사물의 신비가 우리에게 밝혀집니다. 그리고 우리는 자신의 본모습과 만납니다.

누군가는 우는 가운데 자기 자신을 마주합니다. 그는 어떤 거리 없이 자기 자신과 만납니다. 손에 쥔 디지털 기기를 통해서는 더 이상 자신을 체험하지 않습니다. 그가 여전히 꼭 붙잡고 있을 생각들마저 사라집니다. 운다는 것은 어떤 연결 매체 없이 곧장 만나는 것입니다. 이때 누군가는 자기를 지배하는 것을 그만둡니다. 그는 자신을 내려놓고 울음에 자기를 내맡깁니다. 우는 것은 그가 더 이상 어떻게 대답해야 할지 모르는 어떤 일이나 사건에 대해 유일하게 할 수 있는 응답입니다. 그에게 울음을 터뜨리게 하면서 몸이 그를 대신하여 응답하는 것입니다.

시리아의 에프렘 성인은 눈물을 새 사람이 탄생할 수 있는 조건으로 봅니다.

"눈물로 인해 그리고 하느님의 자비로 인해 죽었던 영혼이 되살아난다."

수도승 교부들이 펼친 이 모든 생각처럼 토마스 아퀴나스도 울음을 슬픔과 고통에 위안이 되는 것으로 보는 이유를 이해하게 해 줍니다. 수도승들은 우는 가운데 인간이 자신의 본질과 접촉한다고 여깁니다. 이제 슬퍼하는 사람은 새로운 인간으로 일어섭니다. 더 이상 자신의 슬픔이나 고통에 매달리지 않습니다. 그는 우는 가운데 그것들을 떨쳐냈고, 또 그것들 덕분에 정화되었습니다.

수도승들은 눈물에 관한, 곧 슬픔의 눈물이자 동시에 기쁨의 눈물에 관한 찬미가를 늘 부릅니다. 그들은 '기쁨을 주는 눈물 charopoion penthos'에 관해 말합니다. 눈물은 슬픔과 두려움을 몰아내고, 깊은 내적 평화를 누리게 합니다.

이와 관련해 동방 교회의 저명한 수도승 요한 클리마쿠스 성인은 다음과 같이 말합니다.

"눈물은 두려움을 앗아 간다. 더 이상 두려움이 없는 곳에서 기쁨의 밝은 빛이 빛난다. 이 영원한 기쁨으로부터 거룩하신 하느님의 사랑이 꽃피운다."

눈물은 마음이 이리저리 갈라지지 않도록 지켜 주고, 순수한 마음으로 기도하면서 정신을 하느님께 모으게 합니다. 눈물은 자만심을 부수고, 인간이 늘 오만하게 달라붙어 있고 싶어 하는 생각들을 몰아냅니다. 눈물은 인자하신 하느님께 마음을 내어 드리게 하고, 마음을 기쁨으로 채워 줍니다.

심지어 에바그리우스에게 눈물은 하느님과의 결속을 판단하는 기준입니다. 눈물은 표지일 뿐만 아니라, 인자하신 하느님 곁에 있음을 몸으로 표현하는 것이기도 합니다.

하느님께서 나를 어루만져 주시면, 슬픔은 힘을 잃고 맙니다. 슬픔은 내가 세상적인 것들에 매여 있고 거기서 벗어날 수 없다는 것에 좌우되기 때문입니다. 울음은 나를 하느님 그리고 나 자신과 교류하게 합니다. 내가 나 자신 곁에 더 오래 있을수록 슬픔은 나에게 더 적은 힘을 행사합니다.

철학자 헬무트 플레스너는 현대에 울음의 현상을 연구한 소수 학자 중 하나로, 위와 유사하게 울음을 설명합니다.

"울음이란 인간이 무조건적으로 넘어가 완전히 붙잡힌 것이다. 때문에 그는 더 이상 거리를 두고 대답할 수 없다."

울음에 있어서 결정적인 것은 누군가를 꽉 붙잡고 압도하는 것에 거리를 두지 못한다는 것입니다.

"붙잡혀 있다는 것은 어떤 연결 매체 없이 곧장 사건 자체와 만나는 것이다. 상황에 대해 그리고 상황과 관계된 것에 대해 우리가 취한 태도는 여기서 완전히 종결된다."

수도승들에게 눈물은 다른 작용을 합니다. 눈물은 몸과 영혼을 서로 일치시킵니다. 슬픔은 바로 몸과 영혼이 일치하지 못한 데에서 비롯됩니다. 고백자 막시무스에 따르면, 눈물은 상위 감각과 하위 감각 사이에, 지성과 감정 사이에 다시 균형을 이루게 합니다. 눈물은 인간으로 하여금 자기 자신과 일치하게 하지요.

저는 대화를 나누는 중 울 수 없는 사람들에게 종종 이런 말을 듣습니다. 우는 가운데 자기 자신을 완전히 잃게 될까, 자기가 설 수 있는 토대를 더 이상 찾지 못할까 두렵다는 것입니다. 때문에 그들은 눈물을 억제하려고 애씁니다. 그들은 쏟아지는 눈물 속에 자기가 가라앉을지도 모른다고 상상합니다. 이러한 두려움은 분명 정당합니다. 그들에게는 고통의 심연으로 내려가지 않도록 자기를 지켜 주는 누군가가 필요합니다.

또 다른 사람들은 가식적인 눈물을 흘립니다. 그들은 그 눈물을 진정한 눈물로 바꾸고 싶어 합니다. 그러나 어떻게 해야 그럴 수 있는지 방법을 알지 못합니다. 이런 경우에 저는 당사자에게 다음과 같이 권고합니다.

"당신의 눈물을 인지하세요. 당신이 그 눈물 속에 들어

갔다고 느껴 보세요. 삶에 대해 당신이 상상한 것들이 어긋났기 때문에 눈물을 흘리면서 자신을 불쌍히 여깁니까? 당신은 자신의 주위를 맴돕니까? 당신의 작고 편협한 자아 주변을 맴돕니까? 아니면 눈물을 흘리면서 당신 자신과 삶에 대해 상상한 것들을 모두 내려놓고 하느님의 뜻을 따라야 한다고 생각합니까? 당신의 눈물을 쫓아가세요. 그리고 쏟아지는 눈물로 당신의 자아를 두른 갑옷을 벗도록 하세요. 눈물이 당신의 자아를 점점 더 부드럽게 만드는 모습을 그려 보세요. 그러면 자신의 참된 근원에, 참된 자기에 이를 수 있을 것입니다. 하느님은 바로 그 안에 거주하고 계십니다."

초기 수도승들에게도 우는 것은 내적 평온에 이르고, 자기 자신과 평화를 이루는 한 가지 방법입니다. 요한 클리마쿠스는 눈물이 "완전한, 온갖 떠들썩하고 방해가 되는 것을 넘어 고양된, 복된 평온"을 선사한다고 말합니다. 우는 가운데 나를 불안하게 하고 혼란스럽게 하는 온갖 생각이 누그러집니다. 머릿속이 아니라 마음속에서 울기 때문입니다. 머릿속에서는 결코 평온을 찾아내지 못했을 겁니다. 눈물을 흘리는 가운데 마음이 내적 평화를 찾습니다. 대체적으로 사람들이 울고 난 뒤 깊은 고요를, 살아 있고 사랑으로 충만한 고요를 감지하는 것을 이해할 수 있습니다. 정서가 수반되지 않으면 우리 인간의 태도가 바뀌는 것은 불가능합니다.

울음은 쌓이고 쌓여서 터져 나오는 감정에서 우리의 짐을 덜어 줍니다. 눈물은 고통을 완화시킵니다. 펑펑 울고 나면 고통에서 벗어날 수 있습니다. 울음은 누군가를 제압하고 그에게 과도하게 요구하는 듯한 고통을 견뎌 내게 하고 그에게 답해 주는 유일한 방법이 됩니다. 우리 인간은 울음에 자신을 내맡기는 것, 울면서 자기를 내려놓는 것, 그러면서 고통을 허용하고 그 방향을 돌리거나 사라지게 하는 것 외에는 다른 대답을 더 이상 알지 못합니다. 말로도, 몸짓으로도 그렇게 할 수밖에 없습니다.

우는 것은 고통을 덜어 줍니다. 나아가 상처를 치유해 줍니다. 눈물이 우리를 해방시켜 주고 구해 주고 복을 가져오는 눈물이 됩니다. 고통이 기쁨으로 바뀝니다. 당사자는 내면 깊은 곳에서 자신이 온전해졌음을 느낍니다. 이 상태는 고통으로 인해 더는 흔들릴 수 없습니다. 또한 그는 기쁨도 감지합니다. 실망이나 실패도 이 기쁨을 빼앗을 수 없습니다.

그러므로 울음은 나의 슬픈 감정만 표현하여 그 슬픔이 바뀌게 하는 것에 그치지 않습니다. 눈물 자체가 슬픔의 눈물에서 기쁨의 눈물로 바뀝니다. 이 과정은 보통 알아차릴 수 없습니다. 울음에 자신을 내맡기는 가운데 우리는 더 이상 슬퍼서 우는 게 아니라 그 무엇에 꽉 붙잡혀서 우는 것임을 지각합니다. 그리고 이렇게 세게 붙잡힌 것은 온갖 고통에도 불구하고 우리 안에서 작용하여 깊은 내적 평화도 가져다줍니다.

기억

아무도 빼앗을 수 없다

어떤 사람들은 부정적인 체험, 상처와 아픔, 불행, 남들에게 받은 부당한 대우만 기억합니다. 그들은 그러한 기억으로 씁쓸해집니다. 그러나 중요한 것은 우리가 그런 나쁜 기억들과 적극적으로 교류하는 것입니다. 지금 상처받는 것을 이미 치유된 것으로, 어두운 면을 밝은 면으로 떠올리는 것입니다.

헨리 나웬 신부는 기억에 치유하고 해방시키는 힘이 있다고 여기는 철학자 막스 쉘러의 말을 인용합니다.

"기억하는 것은 이미 기억된 어떤 일이나 사건이 은밀히 가하는 위력에서 벗어나기 위한 첫걸음이다."

이처럼 기억하는 것은 수동적인 게 아니라 능동적인 것입니다. 우리는 무엇을 떠올릴지 택합니다. 기억하는 방식도 우리 자신에게 달렸습니다. 오래된 상처는 후벼내지 말아야 합니다. 그렇지 않으면 그 상처는 더 커질 뿐입니다.

오히려 상처보다 강한 치유하는 힘을 떠올려야 합니다. 그리고 어두운 시기마다 하느님께서는 우리를 내버려 두지 않으셨다는 것을 기억해야 합니다. 비록 우리가 그분을 항상 느끼지는 못했어도 말입니다. 그러고 나면 상처 체험도 소중한 것이 됩니다. 상처 체험은 하느님께서 우리를 어루만져 주시고 치유해 주셨으며 이끌어 주셨음을 떠올리게 합니다.

휴가 때 집에 가면, 저녁에 형제자매들과 둘러 앉아 종종 포도주 한 잔을 마십니다. 그러면서 우리는 어린 시절에 부모님이 들려준 말에 관해 서로 이야기합니다. 어머니는 우리의 기발한 생각에 깜짝 놀랐고, 아버지는 우리 형제들이 자전거를 타고 오스트리아와 이탈리아를 여행할 용기를 낸 것에 뿌듯해했습니다. 아버지는 우리에게 무슨 일이 일어날까 걱정하지 않았습니다. 오히려 삶에 과감히 도전하라며 우리를 항상 격려해 주었습니다. 우리 형제자매들은 아버지의 이러한 신뢰에 감사하는 마음을 지니고 있습니다.

우리가 이야기하는 것들은 지금 살아 움직입니다. 우리는 과거로 달아나지 않습니다. 우리 형제자매들이 지난날을 떠올리는 것은 현재 각자의 모습과 제각기 살아온 역사를 의식하기 위해서입니다. 각자 다른 체험을 떠올리거나 다른 방식으로 기억하는 일에 대해 우리는 미소 짓기도 하고, 웃음을 터뜨리기도 합니다. 그렇게 환담을 나누는 가운데 경쾌함을 느낄 수 있습니다. 이러한 대화는 우리를 연결하고 소속감을 느끼게 합니다. 같은 역사를 지니고 있으며, 그 역사 안에서 우리 형제자매들의 특성이 나타나니까요.

우리가 지난간 것을 현재의 삶 속으로 가져올 때, 삶은 더 진지해지고, 더 풍요로워지고, 더 다채로워집니다. 또한 우리는 굳세어집니다. 그렇게 지난날을 떠올리는 것은 현재에서 달아나는 일이 아닙니다.

물론 '왕년 타령'만 하는 사람들도 있습니다. 그들은 자신이 이룩한 업적과 성과를 떠올리고, 잘 나가던 시절에 빠져 있습니다. 이로써 현실을 원망하는 것입니다. 그렇게 화려했던 과거를 떠올리는 것은 자신을 변명하게 하고 미화시킵니다. 그것은 아무런 도움이 되지 않습니다. 우리는 과거를 미화하지 않고서 지난날의 아름다운 것과 좋은 것을 떠올릴 수 있습니다. 그러나 이제는 다르게 살기 위해 과거를 떠올립니다. 나라는 존재를 과거에 의해 규정짓지 않습니다. 그리고 나를 형성한 역사와 함께 한 인간으로서 현재를 삽니다. 아무도 나에게서 그 역사를 빼앗을 수 없습니다.

앞에서 언급한 의미 요법의 창시자인 빅터 프랭클은 강제 수용소에 있던 시절, 아내에 대한 사랑을 떠올렸습니다. 아무도 그에게서 그 사랑을 빼앗을 수 없었습니다. 그가 아내에게 사랑을 느낀 것, 아름다운 음악을 듣고 감명 깊은 연극을 관람한 일, 작가들과 사상가들이 쓴 책을 읽은 것 모두 그의 보물이었습니다. 아무도 그 보물을 빼앗을 수 없었습니다. 이처럼 기억은 지금 닥친 것이 가하는 위력과 우리를 내리누르려는 이들의 기대치에서 우리를 해방시킵니다.

기억은 우리의 참된 품위를 우리에게 보여 줍니다. 기억은 우리가 어떤 사람이 되었는지, 지금 우리의 참된 본질은 무엇인지 보여 줍니다. 가혹한 현실이 두려울 때에도 기억은 하나의 위안이 될 수 있습니다. 기억은 이 현실을 더 냉정하게 바라보게 하고 시야를 더 넓혀 줌으로써 그것을 상대화하기 때문입니다.

저는 영성 프로그램 참가자들에게 종종 자신의 지난날을 떠올려 보게 합니다. 어렸을 때 어떤 놀이를 좋아했는지, 동화나 소설에 등장하는 특정한 인물 혹은 주변 사람에게 매료된 적이 있었는지 묻기도 합니다. 그러면 그들은 이에 대해 이야기하고, 그런 가운데 우리가 있는 방의 분위기가 한결 가벼워집니다.

어떤 사람들에게는 어린 시절로 돌아가는 일이 매우 고통스럽습니다. 그들은 현재의 삶이 문제라고, 과거로 돌아가는 것은 현실에서 도망치는 것이라고 여깁니다. 그러나 몇 사람이 어린 시절의 이야기를 풀어놓기 시작하면, 그리고 기억에 비추어 당시에 지녔던 열정이 오늘날 자신의 삶과 자신이 하는 일에 변화를 가져오고 영감을 불어넣었을 거라고 말하면, 그들도 갑자기 자신의 기억들을 말하려 애씁니다. 그렇게 지난날을 떠올리는 가운데 그들은 자신 안에 파묻혀 있거나 지금까지 대부분 감춰져 있던 가능성, 내면의 잠재된 자원과 접촉합니다.

독일어로 '기억하다, 떠올리다erinnern'는 우리가 행하거나 체험한 것을 내면에 가져오는 것, 우리가 그것을 깨닫는 것, 그것을 내면에서 인지하고 이해하는 것을 의미합니다. 이미 이루어진 것은 실제로 내면에 있어야 합니다. 아무도 우리에게서 그것을 더 이상 빼앗을 수 없습니다.

라틴어로 '기억하다'에 해당하는 '레코르다레recordare'는 본디 '심장에 묶다, 심장 안으로 도로 가져오다'를 뜻합니다. 우리가 체험한 것은 우리의 심장 안으로 가져와야 합니다. 그것을 심장 안에서 영원히 간직하기 위해서입니다. 그래야 그것은 보물처럼 우리 심장 안에 있게 됩니다.

저는 '레코르다레'를 이렇게도 번역할 수 있습니다. 나는 언제나 나의 심장으로 되돌아옵니다. 나 자신을 떠올리는 가운데 바깥세상에서 나의 심장으로, 내 영혼이 있는 내적 세계로 돌아옵니다. 거기서 나는 온전히 나 자신으로 있습니다. 거기서 나는 내 삶의 보물과 비밀을 지킵니다. 아무도 나에게서 이 보물을 빼앗을 수 없습니다.

 물건

특별한 의미를 주는 것들

〈디 차이트DIE ZEIT〉*의 편집장 조반니 디 로렌초는 2020년을 돌아보면서 인간의 모든 욕구에 관해 곰곰이 생각했습니다. 그리고 변화의 시대, 위기의 시대에는 우리가 붙잡을 것과 희망을 약속해 주는 무엇이 있어야 하는데, 이는 바로 우리가 그것을 신뢰할 수 있기 때문이라고 합니다.

그는 이어서 어린 시절을 떠올리며, 부모와 함께 사는

• 함부르크에서 매주 목요일에 발행되는 명성 높은 주간 신문.

집이나 조부모의 집에 혼자 있을 때면 무서운 적이 많았다고 밝힙니다.

"양쪽 집에는 고풍스러운 앤티크 가구들이 놓여 있었다. 한번은 내가 가지고 놀던 물건들이 담긴 큰 상자에서 청진기를 꺼내 손에 들었다. 그런 다음 아주 오래된 궤(함)에 나를 '도킹'시켰다. 그러면서 이 궤가 자신이 수백 년에 걸쳐 보고 들었던 모든 것을 토대로 내게 이야기해 줄 거라고 상상했다. 당시에 그 궤가 내게 무슨 말을 했는지 정확히 알지는 못하지만, 갑자기 두려움이 사라졌다."

우리는 모두 그러한 경험을 할 수 있습니다. 특별한 사건은 개인적 추억과 함께 마음속에 담아 놓을 수 있습니다. 또한 우리는 자신의 감정이 이야기하는 사건과 그 감정들을 연결할 수 있습니다. 부모가 세상을 떠나면, 우리는 그들을 떠올리게 하는 물건이나 우리 안에서 추억을 불러일으키는 물건들을 고릅니다. 어떤 여성은 어머니가 즐겨 쓰던 브로치를 옷깃에 답니다. 다른 여성은 어머니에게 물려받은 오래된 주전자를 사용합니다. 이렇게 그들은 추억 속에서 어머니와 연결되어 있습니다. 한 남성은 저에게 이렇게 얘기했습니다. 여행할 때마다 어머니가 생전에 쓰던 묵주가 담긴 통을 가져 간다고 말입니다. 이를 통해 그 사람은 자신이 혼자가 아니라고, 자기는 보호받는다고 느낍니다.

저는 수많은 사람이 자신에게 위안을 주는 물건들을 몸에 지니거나 집에 소중히 보관하고 있다고 확신합니다. 특별한 물건은 우리에게 부모와의 좋은 경험들을, 이 물건에서 표현되는 듯한 그들의 사랑을 떠올리게 합니다.

브라질의 신학자 레오나르도 보프도 이와 관련한 지극히 개인적인 이야기를 들려줍니다. 1965년 8월 15일, 집배원이 그에게 고향에서 온 첫 번째 편지를 건네주었습니다. 그의 형제자매들이 먼저 아버지의 갑작스러운 죽음을 알린 뒤, 자신들의 믿음과 확신에 관한 내용을 담은 장문의 편지였습니다.

그의 아버지는 54세에 심근 경색으로 사망했습니다. 레오나르도 보프는 나중에 이 편지 안에서 '짚을 채워 넣어 만든, 타다 남은 담배꽁초'를 발견합니다. 그것은 그의 아버지가 갑작스럽게 사망하기 불과 몇 분 전에 태운 마지막 담배였습니다. 이 담배꽁초는 레오나르도 보프에게 아버지의 모습을 생각하게 했지요. 그리고 그에게 아버지가 자식들에게 해 준 말을 떠올리게 했습니다.

"봉사하기 위해 살지 않는 사람은 살아갈 이유가 없다."

레오나르도 보프는 이 담배꽁초를 일종의 '성사'라 일컫습니다. 이 성사가 그에게 하느님의 사랑과 부활의 신비를 전해 준 것입니다. 몇 해 전에 이에 관한 내용을 읽고 저는 크게 감동했습니다.

 순례

길 위에서 힘을 주는 장소

　최근 특별한 장소를 순례하는 것이 중요한 영적 운동으로 여겨지는 듯합니다. 사람들은 머릿속에 들러붙어 있는 것을 다시 떼어 내려고 순례 길에 오릅니다. 위기에 처한 이들은 이제 그 위기에 관해서만 골몰하는 것을 그만둡니다. 그래서 길을 떠납니다.

　요즘엔 장거리 순례도 다시 붐이 일고 있습니다. 수많은 사람이 산티아고 데 콤포스텔라를 향해 순례 길을 걸어갑니다. 다른 나라들에도 새로운 순례 길이 생겨나고 있습니다. 노르웨이에 있는 올라프스 길도 그중 하나입니다.

사람들은 몇 주 동안 순례 길을 걷기 위해 시간을 냅니다. 그들은 길 위에서 중요한 영적 체험을 합니다. 그들은 길 위에서 걱정거리를 내려놓고, 무엇이 본래 중요한 것인지 깨닫습니다. 그리고 순례 여정이 끝나면, 미래의 삶에 대해 결정을 내리도록 자신이 고무되었다는 것을 대부분 느낍니다.

그러나 굳이 먼 순례 길을 걸어갈 필요는 없어 보입니다. 독일만 해도 순례지가 많습니다. 여러 지역에 분포되어 있는 순례지들이 네트워크처럼 일종의 영적 '지형도'를 형성하고 있습니다.

사람들은 순례지에서 위안을 얻습니다. 그들은 순례지를 향해 걸어가면서 몸이 지치고 힘든 것도 감수합니다. 그러나 일부 사람들이 자동차를 타고 순례지로 가더라도, 그들은 특정한 의도를 품고 그렇게 하는 것입니다. 순례지에 도착하면, 그곳 성당에 들어가 자신이 보호받는다는 것을 느낍니다. 사람들은 일상적인 걱정거리나 자신에게 닥친 고통을 안고 이 특별한 장소로 갑니다. 그들이 거듭 그곳으로 향하는 이유는 거기서 특별한 체험을 하기 때문입니다. 성당에서 기도를 바치지 않더라도, 사람들은 이 장소가 자아내는 특별한 분위기 안에서 자신이 희망과 위로로 감싸여 있다고 느낍니다.

순례지에서는 성모님에게 봉헌된 성당도 많이 볼 수 있습니다. 어렸을 때 어머니는 우리를 많이 위로해 주었습니다. 이는 우리가 했던 근원적 체험입니다. 그러므로 우리는 성당을 어머니처럼 따뜻한 공간으로 체험할 수 있습니다.

성모 호칭 기도에서 마리아는 "근심하는 이의 위안"으로 불리며 칭송받습니다. 성가 〈바다의 별이신〉*에서는 "고통의 위로자"**로 불리시지요.

어떤 사람들은 이 순례지 또는 저 순례지가 자신의 고향이 되었다고 말합니다. 거기서 그들은 집에 있는 것처럼 편안함을 느낍니다. 뭔가를 해내지 않더라도, 반드시 기도를

● 《독일어권 성가집 Gotteslob》 524번, 《가톨릭 성가》 242번에 수록되어 있음.
●● 《가톨릭 성가》에는 '슬픔의 위로'로 번역되어 있음.

바치지 않더라도 말이지요. 때때로 그들은 그곳에 가서 그저 쉬고 싶어 합니다. 그런 가운데 마음이 평온해집니다. 이렇게 체험한 뒤에 그들은 위로받고 내적으로 굳세어져서 다시 일상으로 돌아옵니다.

그럼에도 불구하고 웃을 수 있다면

어렵고 힘든 상황에서는 유머가 지금 닥친 역경을 극복하도록 도움을 줄 수 있습니다. 19세기 시인 오토 율리우스 비어바움은 이런 명언을 남겼습니다.

"그럼에도 불구하고 우리가 웃을 수 있다면, 이는 유머 덕분이다."

이렇게 볼 때, 유머는 굳셈을 나타내는 내적 태도이고, 현재 느껴지는 편협함에 맞서, 절망적인 외부 상황에 맞서 일종의 도전을 표현하는 것입니다.

나는 굴복하지 않습니다. 그리고 나를 억압하는 문제에도 영향을 받지 않습니다. 이에 맞서 나는 다른 관점을 지닙니다. 이는 해방감과 새로운 자유를 느끼게 합니다.

미국의 사회학자 피터 비거는 유머를 "초월적인 것을 가리키는 표지"라 부릅니다. 나는 유머로 난관, 걱정, 두려움, 불안, 고통을 뛰어넘습니다. 나는 지금 내가 당한 일에 영향을 받지 않고, 더 높고 명백한 입장을 취합니다. 이러한 확고한 입장에서 지금 당면한 일, 최근에 체험한 일을 다른 눈으로 바라볼 수 있습니다.

유머는 내 삶에서 일어난 불행을 새로운 시각으로 바라보게 하며, 그 불행의 힘을 사라지게 합니다. 그런 가운데 불행을 극복하게 합니다. 특히 유다인들의 유머는 널리 알려져 있지요. 그 유머는 그들이 겪은 오랜 박해와 고난의 시기에 형성되었으며, 늘 놀랍고 새로운 이야기들을 만들어 냈습니다. 이 이야기에는 영적인 측면도 깔려 있습니다.

종종 힘겨운 삶에 유머 넘치게 대응할 수 있는 사람은

결국 무의미와 불행이 마지막 말은 아니라는 신뢰를 품고 있으며, 자신이 이러한 신뢰에 의해 받쳐졌다고 느낍니다. 그러므로 그는 삶에 대한 자신의 상상과 어긋나는 것에 유머로 대응할 수 있습니다.

웃음이 위안이 될 수 있다는 것은 오늘날에도 구체적으로 입증됩니다. 일례를 들어 보겠습니다. 수년 전부터 '병원에서 광대로 일하는 사람들Klinik-Clowns'이 있습니다. 그들은 주로 아픈 아이들을 방문하지만, 노인 환자들도 방문합니다. 그들은 아이들과 노인들에게 웃음을 선사하거나, 적어도 그들의 얼굴에 미소가 감돌게 합니다. 이를 통해 그들은 잠시나마 병을 잊지요. 또한 새 희망과 삶에 대한 새로운 의욕을 품게 합니다.

우리는 웃으면 건강에 좋다는 것, 웃음이 얼굴의 많은 근육을 움직이게 하고 면역 체계를 강화한다는 것을 알고 있습니다. 그러나 웃음은 단지 병든 사람들에게만 이롭게 작용하는 게 아닙니다. 사람들이 자신이 겪은 불행에 대해 서로 이야기하면, 이미 일어난 그 일은 갑자기 더는 그렇게 나쁘지 않게 됩니다.

　이따금 저는 세상을 떠난 남편 또는 세상을 떠난 아내에 대해 이야기하면서 슬퍼하는 이들을 만납니다. 그들은 사랑하는 사람을 잃어서 웁니다. 그렇지만 세상을 떠난 배우자에 대해 이야기하다가 돌연 웃기 시작합니다. 그들은 자기를 웃게 하는 배우자와의 체험들을 생각하는 게 분명합니다. 그러고 나면 깊은 슬픔이 한순간에 사라집니다. 그리고 그들 안에서 생기 있고, 가볍고 즐거운 느낌이 솟구치고 고통이 줄어듭니다. 내가 무언가에 대해 웃을 수 있다면, 이 순간 내가 근사한 사람이라는 느낌이 듭니다. 그러면 슬픔에 빠져 있지 않고, 오히려 슬픔을 이겨 낼 수 있다고 생각하게 됩니다.

　적어도 웃어야 하는 순간에 나는 내적 자유를 느낍니다. 이 말은 죽은 사람에 대해 슬퍼할 때에만 적용되지 않습니다. 일상에서 종종 서로 '치고받는' 부부가 대화를 나누다가 각자의 태도에 대해 갑자기 웃을 수 있다면, 이는 제 안에서 희망을 불러일으킵니다. 함께 살면서 두 사람이 다져

온 굳건한 토대가 그들이 서로 겪는 온갖 어려움보다 더 힘이 셉니다. 이러한 시각은 위안이 되고 고통에서 해방시켜 줍니다.

고대 로마인들에게 유머Humor는 '후무스humus'(흙)에서 나온 말입니다. 유머의 전제 조건은 '후밀리타스humilitas'(겸손)입니다. 이에 따라 유머는 우리가 자신의 나약한 면들을 들여다보는 용기도 의미합니다.

우리 인간은 흙에서 왔습니다. 우리는 자신 안에 있는 모든 것과 함께, 온갖 부족한 면과 어두운 면과 남들에게서 인정을 덜 받는 면도 함께 받아들여야 합니다. 이렇게 받아들이는 것은 마음의 평정으로 이어지고, 자기 자신을 웃게 합니다. 내가 두 발을 땅에 딛고 서 있으면 모든 것을 좀 더 냉정하게 받아들이게 됩니다. 나는 나 자신과 나의 나약함에 대해 웃을 수 있습니다.

유머는 내가 모든 이를 즐겁게 해 주어야 한다는 뜻이 아닙니다. 유머는 내가 나를 다정하게 받아들이고, 나의 인간적 약함에 대해 호탕하게 웃을 수 있음을 의미합니다. 내가 나의 약한 면들에 웃을 수 있는 까닭은, 그것들이 나를 사람들 가운데 있게 하고 땅에 발을 딛게 해 주기 때문입니다. 이는 내게 붙잡을 것을 내줄 뿐만 아니라, 내가 다른 사람들에게 더 공감하게 합니다. 또한 영감의 원천에 이르게 하지요.

7장

기도가 주는 위로

 **고요**

세상의 소음 가운데 순수하게 머무는 공간

고요를 위협적으로 느끼는 사람들이 더러 있습니다. 그들은 사방이 고요해지는 것을 두려워합니다. 이때 죄책감이 생기거나 자신의 삶이 어긋났다고, 자기 자신을 소홀히 대하며 산다는 생각이 들기 때문입니다.

저에게는 고요가 유익합니다. 수도원의 제 방 안에 있으면 고요 속에 잠길 수 있음에 감사하는 마음이 듭니다. 제 방에서는 아무것도 저를 방해하지 않습니다. 저는 고요를 즐깁니다. 고요 속에 있으면 소통에 대한 욕구가 생기지 않습니다. 고요한 가운데 저는 오롯이 제 곁에 있습니다.

이른 아침에 노래로 바치는 공동 기도 후에 그리스도 이콘 앞에 있는 제 자리에 앉아 묵상하다 보면, 이 고요한 공간이 사랑의 공간으로 느껴집니다. 이 사랑의 공간 안에서 제가 보호받고 있음을 알게 되지요. 이때 저는 아무것도 행할 필요가 없습니다. 제 모습 그대로 있어도 됩니다. 저는 아무에게도 대답할 필요가 없습니다. 다른 사람의 일에 관여할 필요도 없습니다. 저는 남들의 기대를 받지 않고, 외부에서 압박이나 요구를 받지 않고도 단순히 있습니다. 저에게 고요란 순수하게 있는 것입니다.

고요는 이미 주어져 있는 것입니다. 저는 깊은 고요 속에 잠깁니다. 고요는 저보다 앞서 이미 와 있습니다. 수도원의 제 방은 고요합니다. 숲은 고요합니다. 자연은 고요합니다. 통상적으로 성당에는 고요가 흐릅니다. 특히 로마네스크 양식의 성당들은 고요를 염두에 두고 지어졌습니다. 오늘날 일부 건축가들도 자신이 설계한 건축물 안에 고요가 감돌게 합니다.

저는 숲 속을 거니는 것을 좋아합니다. 숲에서는 자동차

소음도, 톱질하는 소리나 다른 기계에서 나는 굉음도 들리지 않습니다. 오직 자연의 소리만 들릴 뿐입니다. 바람 소리, 새들의 노랫소리, 어느 야생 동물이 바스락거리며 지나가는 소리, 풀벌레들이 찌르륵찌르륵 우는 소리를 들으면서 제가 손대지 않은 자연을 마주한다는 인상이 듭니다.

고요는 세상의 소음에 의해 오염되지 않았습니다. 고요는 맑고 순수합니다. 고요는 저도 정화시켜 줍니다. 고요는 제가 생각하고 느끼는 것 속으로 은밀히 숨어든 온갖 탁한 것을 맑게 해 줍니다. 저에게 고요는 휴가를 보내는 것과 같습니다. 저는 아무것도 이룰 필요가 없습니다. 침묵하면서 묵상할 필요도 없습니다. 저는 고요 속에 잠깁니다. 태아가 모태 안에서 편히 쉬듯이 고요에 저를 내맡깁니다. 그런 가운데 침묵하게 되고, 저의 참된 본질과 제가 아무에게도 설명할 필요가 없고 단순히 그대로 있어도 되는 저의 본질과 만나게 됩니다. 그러므로 고요는 저에게 진정한 위안입니다. 고요는 저를 보호해 주는 공간 같습니다. 저는 세상의 소음을 피해 이 공간으로 들어가고, 그 안에서 제가 보호받는다는 것을 느낍니다. 이 유익한 경험 덕분에 저는 내적으로 정화되어 다시 세상 속으로 들어갈 수 있습니다.

저에게는 고요 가운데 가령 조용한 성당이나 정적이 감도는 숲의 어느 나무 그루터기 위에 앉아 있는 것이 도움이 됩니다. 그런 가운데 저를 감싸는 고요가 제 안에도 있다는 생각이 듭니다. 이어서 저는 저를 에워싸고 있는 고요와 하나가 됩니다. 이때 제 안에도 이 고요한 공간, '하느님이 계시는 곳', '평화를 바라볼 수 있는 곳'이 있음을 감지합니다.

또 다른 방법은 호흡하는 것입니다. 저는 숨을 내쉬면서 제 영혼의 모든 층을 지나 근원에 이른다고 상상합니다. 내쉬는 숨은 분노, 불안, 내적 소란, 자기 비난을 통과하여 영혼 깊은 곳으로 갑니다. 모든 감정과 생각 밑에 고요한 공간이 있습니다.

저는 이 고요를 잠시 동안만 아주 강렬히 감지할 것입니다. 이어서 다른 생각들이 다시 떠오르겠지요. 그러나 고요를 느끼는 이 순간이 제가 인지하는 것을 바꾸어 줍니다.

저는 세상의 온갖 소음 속에서 그리고 제가 다른 사람들을 위해 떠맡는 모든 책임을 의식하는 가운데, 이 고요하고 자유로운 공간, 다른 사람들은 들어올 수 없는 공간이 있음을 지각합니다. 이는 저에게 하나의 위로가 됩니다. 저는 이 위로를 놓치고 싶지 않습니다.

 철학

참된 위안

524년, 그리스도교 철학자 보에티우스가 처형되었습니다. 당시에 그는 동고트족의 왕 테오데리쿠스를 가까이서 보필한 신하로 높은 지위에 있었습니다. 그런데 정치적 소요로 인해 대역죄를 범한 자로 고발되어 감옥에 가게 되었습니다. 그는 자신의 높은 지위와 중대한 역할이 무참히 짓밟혔다고 생각했지만, 감옥에서 책을 썼습니다. 《철학의 위안》이라는 제목으로 중세기에 많이 읽혔습니다.

그는 이 책에서 자기가 감옥에서 얼마나 고통스럽게 지내는지, 그리고 지금까지 누렸던 행복한 삶을 얼마나 그리워하는지 기술합니다. 그렇게 몹시 힘들어 하는 중에 아름답고 키도 훤칠한 여인이 그에게 다가옵니다. 그 여인은 인격화된 철학입니다. 철학은 그가 비탄에 잠기고 탄식하느라 지금까지 그를 지탱해 준 것을 완전히 잊었다고 그를 일깨웁니다. 철학은 사람들에게 모범을 보이면서 "무죄한 죽음의 승리"를 쟁취한 소크라테스에 관해 이야기합니다. 그리고 보에티우스가 지금 처한 상태를 병이라 부릅니다. 그리고 그가 병든 원인을 두 가지로 봅니다.

"자기 자신을 잊은 어둠이 그대를 에워싸고 있다. 때문에 그대는 자신을 추방당한 자, 재산을 빼앗긴 자라고 한탄하는 것이다."

둘째 원인은 세상을 바라보는, 그리고 하느님을 통한 세상의 통치를 바라보는 잘못된 시각에 있습니다. 세상의 통치는 순전히 우연에 따른 게 아니라, 신적 이성에 따른 것입니다.

그리고 나서 보에티우스는 자기 자신을 더 잘 알게 되고, 하느님과 세상의 신비도 더 잘 이해하게 됩니다. 그리하여 이런 결과를 내놓습니다.

"이 작은 불꽃으로부터 곧바로 새로운 삶의 온기가 그대를 가득 채울 것이다."

보에티우스는 감금 전에 자신이 주장했던 이론들을 다시 떠올립니다. 그런 다음 철학인 그 여인을 부릅니다.

"오 그대, 억눌린 모든 영혼의 참된 위안이여, 그대가 주는 가르침의 설득력과 그대가 부르는 노래의 달콤하고 아름다운 소리는 나에게 얼마나 많은 생기를 불어넣어 주었던가! 나는 더 이상 운명의 타격에 그렇게 무방비 상태로 있지 않는다. 그대가 앞서 내놓은 더 강력한 치료제는 더 이상 겁나지 않는다. 오히려 나는 뜨거운 열망을 품으면서 그것을 가지고 싶다."

철학의 논증은 절망적인 상황에 직면한 그를 위로합니다. 철학의 사유는 자신이 놓인 상황을 다른 관점에서 바라보도록 그에게 도움을 줍니다. 철학은 동시에 그가 자신이 당한 불의를 극복하게 합니다. 철학은 정치 세력이 그의 생물학적 생명을 결정할 수 있지만 그의 정신은 결정할 수 없음을 가르칩니다. 그의 정신은 자유롭습니다. 그는 외적 현실을 극복하고 삶의 의미에 관한 생각에 몰두하며, 이로써 추적자들의 권력에서 해방됩니다.

보에티우스는 자신의 책에서 그리스 및 로마 철학자인 플라톤과 소크라테스, 세네카를 비롯해 다른 스토아 철학자들도 인용합니다. 일부 비평가들은 그 책이 이교도적이라고 여깁니다. 위로자로서의 철학에 관해서만 말하기 때문이라는 겁니다. 그렇지만 보에티우스는 고대의 철학적 유산을 그리스도교 신앙과 접목하는 일에 목표를 두었습니다. 그래서 다른 학자들도 그리스도교 신앙에 다가가게 할 수 있었습니다.

요즘 많은 사람이 다시 철학에 관심을 기울입니다. 그들은 철학적 사색에 몰두하는 것이 위안이 된다고 여깁니다. 그리고 자신의 정신력으로 실제적인 것이 가하는 위력에서 벗어나는 것, 그리고 우리 인간은 외적 힘에만 굴복한다는 생각에서 벗어나는 것도 위안이 된다고 봅니다.

철학은 우리의 시야를 넓혀 주고, 우리에게 다른 관점을 지니게 합니다. 또한 우리 삶의 의미를 보여 줄 수도 있습니다. 우리가 삶의 의미를 깨달을 때, (철학자 프리드리히 니체가 말하듯이) 모든 '어떻게Wie'라는 물음을 인내할 수 있을 것입니다.*

• 니체는 "왜 살아야 하는지 아는 사람은 그 어떤 상황도 견뎌 낸다."라고 말하면서 '왜warum'보다는 '어떻게wie'라는 문제에 주안점을 두었음.

진리

우리를 자유롭게 하는 것

초기 수도승들은 관상 기도를 '진리를 바라보는 것'이라 일컬었습니다. 진리를 바라본다는 것은 내가 모든 존재의 근원 안으로 들어가 바라본다는 뜻입니다. 모든 존재의 근원에 이르면, 거기서는 모든 게 명료합니다.

에바그리우스에게 관상 기도는 격정을 없애는 본래의 치료제입니다. 영혼을 정화하기 위한 외적 방법들은 충분하지 않습니다. 에바그리우스는 관상 기도, 사물의 본질을 통찰하는 것, 따라서 진리를 바라보는 것만이 실제로 영혼을 건강하게 할 것이라고 말합니다. 그러나 그에게 '건강한'이라는 말은 슬픔이나 고통이 내게 영향을 미치지 않는다는 뜻이 아닙니다. 깊은 내적 평온을 의미하는 것입니다. 그러므로 우리는 관상 기도를 이렇게 기술할 수도 있을 것입니다.

"나는 근원을 바라본다."

나는 특정한 것을 바라보지 않습니다. 그러나 내 영혼의 근원에 이르면, 거기서는 모든 게 명료합니다. 머릿속에서는 나의 생각이 명료하지 않더라도, 내면 깊은 곳에서는 모든 게 명료합니다. 나는 더 이상 모든 것에 대해 끊임없이 골똘히 생각하지 않습니다. 나는 존재의 근원과 하나가 됩니다. 그리고 나의 실제 모습도 받아들입니다. 비록 내 안에 있는 많은 것을 받아들일 수는 없더라도, 내 영혼 깊은 곳에서 나는 나 자신과 하나가 됩니다. 거기서 나는 나 자신에 대해, 내 삶에 대해, 존재하는 모든 것에 대해 "예."라고 말합니다.

진리를 바라보는 것이 슬픔에 젖어 있는 우리에게 위안이 되는 또 다른 이유는 진리가 환상을 몰아낸다는 것입니다. 에바그리우스에 따르면, 우리가 슬퍼하는 원인은 두 가지입니다. 우리는 지난날의 행복에 대해 끊임없이 생각하고 상상한다는 것, 그리고 우리가 직면한 현실은 이러한 상상과 일치하지 않는다는 것입니다. 진리를 바라보면, 우리가 삶에 대해 그려 놓은 환상이 사라져 버립니다. 이는 오늘날에도 다르지 않습니다.

사람들이 상담을 위해 저를 찾아오면, 그들에게 현재 처한 상태가 왜 안 좋은지 이유를 물어봅니다. 그리고 그들의 대답을 들으며 거듭 깨닫게 되는 점이 있습니다. 결국 그들이 처한 상태가 안 좋고 종종 마음이 우울해지는 까닭은 자기 자신과 삶에 대해 상상한 것이 이루어지지 않았기 때문입니다. 그러나 그들은 자신이 삶에 대해 상상한 것들에 골몰합니다. 마치 그것들과 단짝을 이룬 것처럼 그것들에서 분리될 수 없을 것 같습니다. 그러나 진리를 바라보면 우리의 눈이 뜨입니다. 그리고 상상과 환상 이면을 바라보게 됩니다.

'진리'에 해당하는 그리스어 '알레테이아 aletheia'는 모든 현실 위에 베일이 드리워져 있다는 것에서 출발합니다. 진리를 인식하는 사람은 이 베일을 걷어 내고, 현실을 있는 그대로 인식합니다. 이렇게 현실을 인식하고 받아들이면, 자신이 환상에서 벗어났음을 자각하게 될 것입니다. 이제 그는 상태가 좋아집니다.

마르틴 하이데거는 진리를 "존재를 명확히 드러내는 것"이라 부릅니다. 또는 "존재를 밝게 비추는 것"이라고도 부릅니다. 진리를 인식할 때 우리의 존재가 밝게 빛납니다. 그리고 결국엔 순수한 존재이신 하느님이 밝게 빛나십니다.

진리에 대한 사랑, 무언가를 인식하기 위한 사랑, 모든 존재의 신비 배후에 도달하기 위한 사랑은 사람들을 생기 있게 유지시킵니다. 사랑이 우리를 기쁘고 행복하게 해 주는 것 같습니다. 저는 옛 교부들의 책을 읽으면서 이따금 그렇게 느낍니다. 그리고 다른 세계로 잠겨 듭니다. 그것은 정신, 영의 세계입니다. 이 심오한 세계가 저에게 유익하다는 생각이 듭니다. 물론 교부들의 책을 읽는다고 일상적인 문제에 대한 해결책은 찾을 수 없습니다. 그러나 그들의 책을 읽으면서 생각하게 되는 것들이 마음을 평온으로 채워 줍니다.

토마스 아퀴나스가 저술한 《신학 대전》을 읽었을 때도 그랬습니다. 이 방대한 저서에서는 신학자가 사고하기 위해 전력을 다한 것, 인간이 안고 있는 문제들을 사고하는 것으로 해결하기 위해 애쓴 것이 느껴집니다. 이 위대한 작품은 일상을 짓누르는 문제에서 저를 해방시켜 주었습니다.

때로는 친구들과 대화를 나누는 중에도 비슷한 체험을 합니다. 인간의 신비에 관해, 인간의 영성에 관해, 우리가 하느님께 이르는 길에 관해 이야기를 나누다 보면 진리에 대한 갈망, 우리가 간절히 바라는 진정한 것에 대한 갈망이 일상적이고 진부한 것을 넘어 우리를 유지시켜 준다는 것을 알게 됩니다. 그리고 우리가 함께 진리의 꼭대기를 만진다는 것도 지각하게 됩니다. 이러한 경험이 저를 행복하게 하고, 깊은 내적 평화로 이끌어 줍니다.

프랑스의 철학자 블레즈 파스칼이 말하기를 오락은 "비참한 처지에 있는 우리를 위로해 주는 유일한 것"이라 했습니다. 그렇지만 그는 이렇게 덧붙입니다.

"이때에는 기분 풀이를 위한 오락이 우리가 겪는 비참함의 꼭대기에 있다."

요즘 많은 사람이 기분을 풀기 위해 놀이와 유흥에서 위안을 구합니다. 표면적으로는 이러한 오락이 위안을 줄 수 있습니다. 그렇지만 그것은 거짓 위안입니다. 이 같은 기분 전환은 우리가 자신에 대해 깊이 생각하지 못하도록, 그리고 우리의 본모습을 마주하지 못하게 우리를 가로막기 때문입니다.

진리를 보려면 넓은 마음을 지녀야 합니다. 넓은 마음은 내가 만나는 모든 대상에 활짝 열려 있습니다. 이렇게 진리를 바라보는 것이 본래의 위로가 됩니다.

기도

우리 마음을 하느님과 일치시키는 길

토마스 아퀴나스는 기도를 인간 영혼을 치유하는 약이라고 거듭 말합니다. 에바그리우스도 《기도 Gebet》에서 기도가 하느님이 인간에게 주시는 가장 큰 선물이라고 확신합니다. 그에게는 기도 중에 하느님과 하나 되고 오롯이 그분의 현존 안에서 살아가는 것보다 더 값진 것은 아무것도 없습니다. 인간은 기도하는 가운데 자신의 존엄함을 지각합니다. 그리고 에바그리우스에게 기도는 동시에 화와 슬픔, 분노와 해묵은 상처에서 벗어나는 길입니다.

"기도는 슬픔과 낙담을 몰아낸다."

반대로 기도는 다른 사람에게 슬픔의 원인이 되지 말라는 요청이기도 합니다.

"그대가 올바르게 기도한다면, 아무에게도 슬픔의 원인이 되지 않을 것이다. 그렇지 않으면 그대는 헛수고하게 된다."

물론 에바그리우스는 기도를 하느님께 청하는 것으로 이해하지 않습니다. 하느님이 우리를 화와 슬픔에서 해방시켜 주시고 이러한 감정들을 우리에게서 쫓아버려 주셔야 한다는 의미에서 말이지요. 오히려 그는 기도를 이러한 감정들을 정화하고 바꾸는 방법으로 이해합니다.

이때 순수한 기도를 바치기 위한 전제 조건이 있습니다. 기도하는 사람이 먼저 자신의 격정에서 정화되는 것입니다. 따라서 자신의 본모습을 마주해야 합니다. 그렇지만 다른 측면에서 보면, 기도는 그의 격정이 사라지는 데에 도움이 됩니다. 우리가 기도하기 시작하자마자, 여러 가지 생각이 떠오르고 화와 분노와 슬픔 같은 감정도 모습을 드러냅니다. 이제 우리가 할 일은 화의 원인을 살피고 밝혀내는 것입니다.

에바그리우스는 청원 기도가 무엇인지 잘 알고 있습니다. 그러나 그는 우리에게 소망을 이루기 위해 청하지 말라고 경고합니다. 그것은 실망으로만 이어지기 때문입니다. 우리가 기도할 것은 세 가지입니다.

"먼저 그대의 악습에서 벗어나기 위해 기도하라. 이어서 그대에게 인식의 은총이 선사되도록 기도하라. 세 번째로 하느님께서 그대를 유혹과 버림받음에서 구해 주시도록 기도하라."

청원 기도는 전前 단계에 불과합니다. 그다음에 걱정거리, 방해가 되는 격정, 거룩한 생각이 수반되지 않고 바치는 순수한 기도가 뒤따릅니다. 그렇지만 기도 속으로 몰래 기어들어오는 이미지나 상상으로 인해 이 기도를 제대로 바치지 못할 수도 있습니다. 순수한 기도를 바치려면 모든 이미

지를 놓아 버려야 합니다.

"기도를 바칠 때에는 신성을 표상으로 생각하지 마라. 그대의 정신을 그 어떤 형식에 매이지 않게 하라. 그리고 모든 물질을 배제하고 무형의 영적인 그분께 가까이 가라. 그래야만 그분을 인식하게 될 것이다."

그러므로 기도는 온갖 격정과 상상에서 우리를 정화합니다. 이러한 방식으로 에바그리우스에게 기도는 온갖 고통을 치유하는 약이자, 이루어지지 않은 상상에 의해서 항상 야기되는 슬픔을 치유하는 약입니다.

신비 신학에 대해서 알지 못해도 많은 그리스도인이 고통 중에 기도하면서 위로받는 체험을 합니다. 그들은 기도 중에 안전함과 보호받음을 경험합니다. 그들은 자기가 홀로 방치되지 않았다는 것을 느끼고, 하느님께 자신의 곤경과 슬픈 감정들을 내보입니다. 그분께서 그것들을 바꾸어 주시기를 바라면서 말입니다.

기도는 하느님과 만나는 것입니다. 이렇게 하느님과 만나면서 우리는 변모됩니다. 물론 내가 하느님께 내보이는 것만 달라집니다. 그러므로 기도한다는 것은 하느님이 내 안의 모든 것을 당신의 사랑과 빛으로 가득 채워 주신다고 신뢰하면서 그분께 나의 본모습을 내보이는 것을 의미합니다. 이제 나를 불안하게 하고 슬프거나 분노하게 만드는 것은 더 이상 아무것도 내 안에 남아 있지 않습니다. 나의 모든 걱정은 하느님의 영에 의해서 사라졌습니다. 그것들은 더 이상 나를 하느님과 갈라놓지 못합니다.

어떤 사람들이 저에게 시련을 겪을 때 기도가 얼마나 큰 도움이 되었는지 이야기했습니다. 그들은 성당에 가 성모상 앞에서 묵주 기도를 바치면서 하느님의 애정, 어머니 같은 그분의 애정을 느꼈습니다. 그리고 성모님을 대변자로 생각하고, 그분에게 자신이 이해받았음을 깨달았습니다.

신앙인들은 대부분 기도가 왜 자기를 위로해 주는지 그 이유를 설명할 수 없습니다. 기도가 자신에게 유익하다는 체험을 할 뿐입니다. 그들은 기도하면서 자신이 보호받았으며 이해받고 사랑받았다는 것을 느낍니다. 또한 기도하며 자신 안에서 대립하고 위협하는 것들이 서로 연결되어 있음을 알게 됩니다.

그들은 기도하면서 하느님과 연결됩니다. 이렇게 그들은 자신이 하느님과 연결되었다는 체험을 합니다. 그분과 연결된 것은 그들 안에 있는 반대되는 것을 감싸 안습니다. 그들은 자신과 하나 됨을 느낍니다. 그들은 하느님 앞에서 기도하며 자기 자신을 느낄 수 있습니다. 이는 그들을 유익하게 합니다.

기도하는 많은 사람이 기도가 자신의 삶을 실제로 변화시켰다는 것을 체험합니다. 그들은 하느님이 자신의 기도를 들어주셨다고 생각합니다. 그렇지만 다른 많은 사람은 자신이 바치는 기도가 허공 속에 들어가 버린다며 힘들어합니다. 그들은 자신이 바치는 모든 기도가 도움이 되지 않는다고 여깁니다. 그들 가운데 대부분은 무엇보다 기도를 청하는 것으로 이해합니다. 그리고 하느님께서 자신이 청하는 것을 들어주시도록 그분을 강요하려 합니다. 그들에게는 자신이 청하는 것이 이루어질 때에만 기도가 의미를 지닙니다.

에바그리우스는 자신의 청원들이 받아들여진 것이 오히려 자기를 실망시킨 적이 많았다는 것을 알았습니다.

"내가 그토록 나를 위해 고집스럽게 얻으려고 애쓴 것은 내가 그에 관해 상상한 것들에 맞지 않았기 때문이다."

그래서 이렇게 권고합니다.

"그대의 청원들이 받아들여졌다는 것을 알게 되면, 즉시 과도하게 목표를 추구해서는 안 된다. 이때 고집스런 태도를 취해서도 안 된다. 주님께서는 그대가 청한 것보다 더 큰 선물을 주고자 하실 것이다. 그리고 그대가 인내한 것을 그렇게 보답해 주실 것이다. 하느님과 내적으로 교류하는 것보다 더 좋은 것이, 오롯이 그분의 현존 안에서 사는 것보다 더 숭고한 것이 있느냐? 더 이상 그 어떤 것으로도 방향을 바꾸지 않는 기도야말로 인간이 이룰 수 있는 가장 지고한 것이다."

우리를 사랑하시고 치유해 주시는 하느님의 현존 안에서 자기 자신을 잊을 수 있는 것은 기도하면서 체험할 수 있는 가장 큰 위로입니다.

많은 사람이 기도 중에 에바그리우스가 기술하는 이 체험을 합니다. 하느님이 자기 삶에 개입하시는 것, 혹은 병을 낫게 해 주시거나 파탄에 이른 결혼 생활을 구해 주시는 것은 그들에게 결정적인 체험이 아닙니다. 그들은 기도하며 하느님께 향할 수 있다는 것으로 이미 위로받았다고 느낍니다. 그들에게 기도는 하느님과의 만남으로서 이미 위로가 되었습니다. 그들이 홀로 있다고 느끼는 상황은 없습니다. 그들은 걱정거리와 불안과 두려움을 안고서 치유해 주시는 하느님의 현존 안에 단순히 머무릅니다. 이것으로 족합니다. 그것이 그들을 위로해 줍니다.

이와 관련해 아르스의 요한 마리아 비안네 성인이 전해 주는 이야기는 널리 알려져 있습니다. 위대한 기도자였던 그가 본당 공동체를 위해 기도하려고 성당에 앉아 있을 때면,

한 농부가 몇 시간 동안 자리에 앉아 있는 모습을 자주 목격했습니다. 농부는 무릎을 꿇지 않았습니다. 아무 기도도 바치지 않았습니다. 그래서 비안네 신부가 그에게 물었습니다.

"형제님은 성당에 앉아서 도대체 무엇을 하고 있습니까?"

그러자 농부는 이렇게 대답했습니다.

"저는 하느님을 바라보고 있습니다. 그리고 하느님도 저를 바라보고 계십니다. 그것으로 족합니다."

많은 사랑이 나오는 그리스도 이콘을 바라보는 것 또는 사랑으로 가득 차 있는 성모상을 바라보는 것은 우리에게 유익합니다. 내 삶에서 외적 상황이 달라지거나 그렇지 않은 것과는 전혀 상관없이, 위로는 그것으로 충분합니다.

 하느님

위로의 말씀을 건네시는 분

바오로 사도는 코린토 신자들에게 보낸 서간에서 하느님을 "모든 위로의 하느님"으로 기술합니다. 그에게는 하느님 자체가 위로입니다.

"우리 주 예수 그리스도의 아버지 하느님께서는 찬미받으시기를 빕니다. 그분은 인자하신 아버지시며 모든 위로의 하느님이십니다. 하느님께서는 우리가 환난을 겪을 때마다 위로해 주시어, 우리도 그분에게서 받은 위로로, 온갖 환난을 겪는 사람들을 위로할 수 있게 하십니다."(2코린 1,3-4)

예수 그리스도의 하느님은 무엇보다 위로의 하느님이십니다. 그분은 난관을 겪으면서 힘겹게 살아가는 사람을 위로해 주십니다. 하느님 체험은 언제나 위로 체험입니다.

이렇게 바꾸어 말할 수도 있습니다. 내가 누군가와 만나는 가운데 위로를 체험하거나, 슬픔에 젖어 있을 때 갑자기 위로를 받는다면 이 순간 나는 하느님 체험도 하는 것입니다. 그러나 바오로 사도처럼 이렇게도 말할 수 있습니다. 내가 받는 위로는 나로 하여금 다른 사람들도 위로하게 합니다.

바오로 사도는 코린토 신자들에게 보낸 둘째 서간에서 자신이 이겨 낸 많은 환난과 고난에 관해 거듭 말합니다. 그는 코린토 신자들이 환난을 알지 못한다는 것, 그들이 믿음을 고백하면 이에 적대적인 세상에서 반드시 고난을 겪게 되리라고 합니다. 바오로 사도는 고난을 그리스도의 고난에 동참하는 것으로 풀이합니다.

"그리하여 그리스도의 고난이 우리에게 넘치듯이, 그리스도를 통하여 내리는 위로도 우리에게 넘칩니다."(2코린 1,5)

바오로 사도는 자신의 고난이 그리스도의 죽음에 동참한다는 것을 알기에 위로를 체험합니다. 따라서 자신이 그리스도와 긴밀한 관계를 맺었음을 인지하고, 홀로 버려지지 않았다고 느낍니다. 다른 한편으로 자신이 그리스도의 부활에도 참여한다는 확신은 그에게 위로가 됩니다. 이는 그가 많은 고난을 겪고 죽은 뒤에 그리스도와 함께 부활하리라는 것만 의미하지 않습니다. 오히려 지금 고난을 겪는 중에 자신이 그리스도의 생명을 나누어 받는다는 것을 체험합니다.

그리스도의 생명은 죽음에 의해서도 파괴되지 않을 것입니다. 그리스도의 생명은 내가 고통 속에 있을 때 드러납니다. 고통 속에서 나는 역경을 헤치고 일어설 수 있고, 외부의 적대 세력도 물리치고 일어설 수 있습니다. 또한 내적인 삶을 추구하면서 일어설 수 있습니다. 아무도 이 내적인 삶을 나에게서 빼앗을 수 없습니다.

하느님이 모든 위로의 하느님이시라는 것은 구체적으로 무슨 뜻일까요? 하느님에 대한 믿음은 자신이 겪는 고통에 고정된 우리의 시선을 딴 쪽으로 돌려놓습니다. 하느님에 대한 믿음은 다른 관점을 제시합니다. 저널리스트인 마티아스 드로빈스키는 자신의 위로 체험에 관해 곰곰이 생각하다가 한 가지 의문이 들었다고 합니다. 그러면서 우리를 내적으로 일으켜 세울 수 있는 것이 무엇이냐고 어느 글에서 묻습니다. 그리고 이렇게 대답합니다.

"위로는 시선을 앞으로, 위로 향하게 한다."

위로 체험을 하면 우리는 앞을 바라봅니다. 과거, 지난 고통은 돌아보지 않습니다. 우리의 시야는 다시 넓어집니다. 그리고 앞을 바라봅니다. 이 시선은 어떤 실수로 인해 마음이 짓눌린 상황에서도 우리를 하느님께로 이끌어 줄 수 있습니다.

심리 분석가인 베른트 다이닝거는 스스로 생을 마감한 어느 동료에 관한 인터뷰에서 다음과 같이 이야기합니다. 그는 예전에 그 동료와 대화를 나누었지만, 당시에는 동료가 얼마나 심각한 상태에 있는지 정확히 인식하지 못했습니다. 그래서 늘 죄책감이 그를 따라다녔습니다. 이러한 상황에서 무엇이 도움이 되었느냐는 물음에 이렇게 대답합니다.

"믿음입니다. 믿음이 참극이 일어나지 않도록 막지는 못하지만, 제가 한계에 부딪혔다고 고백하도록 도움을 줍니다. 죄책감에 빠져 들지 않고서 말이지요."

그는 죄책감에서 벗어나는 데 이성적인 이유들이 자신에게 도움이 되지 않는다는 것을 압니다. 그와 인터뷰한 저널리스트 에벨린 핑거가 "왜 안 되지요?" 하고 묻자, 이렇게 대답합니다.

"진정한 위로는 세상 밖에 있기 때문입니다. 적어도 저는 그렇게 체험했습니다."

베른트 다이닝거의 체험은 철학자 한스 블루멘베르크가 인식한 것을 입증합니다. 이 철학자는 현대인이 위로받지 못하는 것과 동시에 위로를 필요로 하는 원인을 그에게 고향이 없다는 것에서 봅니다.

그런데 어떻게 해야 우리가 하느님을 모든 위로의 하느님으로 체험할 수 있을까요? 한 가지 방법은 사람들이 하느님과 했던 체험을 살펴보는 것일 수도 있을 겁니다. 성경은 그러한 많은 체험을 전해 줍니다. 성경은 하느님께서 당신으로 인해 그리고 실패로 인해 괴로워하는 사람들을 위로하시는 것을 그분의 주요 활동으로 봅니다. 이에 따라 하느님은 고향에서 멀리 떨어진 바빌론에서 유배 생활을 하며 보호받지 못하고 당신의 성실하심에 의혹을 품는 이스라엘 백성에게 말씀하십니다.

"위로하여라, 위로하여라, 나의 백성을. ― 너희의 하느님께서 말씀하신다. ―"(이사 40,1)

하느님은 위로의 말씀을 건네십니다. 이 말씀을 우리 안에 스며들게 하면, 이 말씀은 우리 안에서 위로를 줄 것입니다. 우리는 "이 말씀이 맞다면, 나는 어떻게 해야 나 자신을 느낄 수 있을까?"라고 자문해 볼 수 있습니다. 말씀이 맞다고 여기며 단순히 나 자신을 느끼고자 애쓰는 가운데, 이 말씀이 우리가 품은 위로에 대한 갈망과 우리 자신을 접촉하게 해 준다는 것을 깨닫게 될 것입니다.

구약 성경은 특히 두 가지 표상으로 하느님을 위로자로 묘사합니다. 목자의 표상과 어머니의 표상입니다. 이사야 예언자는 이렇게 말합니다.

"그분께서는 목자처럼 당신의 가축들을 먹이시고 새끼 양들을 팔로 모아 품에 안으시며 젖 먹이는 어미 양들을 조심스럽게 이끄신다."(이사 40,11)

하느님은 당신이 우리를 어머니처럼 위로하신다는 것을 이사야서에서 다른 말씀으로 들려주십니다.

"어머니가 제 자식을 위로하듯 내가 너희를 위로하리라. 너희가 예루살렘에서 위로를 받으리라. 이를 보고 너희 마음은 기뻐하고 너희 뼈마디들은 새 풀처럼 싱싱해지리라."(이사 66,13-14)

이는 아름다운 표상입니다. 하느님은 우리를 사랑하는 어머니처럼 위로해 주신다는 것입니다. 이 표상을 우리 안에 스며들게 한다면, 우리는 이미 위로를 감지한 것입니다.

우리는 하느님이 낯선 사람들에게 하느님을 위로로 여기라고 요구할 수 없습니다. 그러나 성경에 나오는 그러한 위로가 되는 말씀들을 읽어 보라고, "그 말씀들은 맞을 것이다."라는 말도 열린 마음으로 깊이 생각해 보라고 권할 수는 있습니다. 그리고 나서 그들에게 이런 물음을 던져 보게 할 수 있습니다.

"그 말씀들이 맞다면, 이제 그 말씀들은 내 안에서 어떤 생각을 불러일으킬까? '그들은 울면서 오리니 내가 그들을 위로하며 이끌어 주리라.'(예레 31,9)고 하느님의 말씀을 들은 이스라엘 백성처럼 나도 이와 유사한 체험을 할 수 있을까?"

성경은 예언자들의 가장 중요한 과제를 사람들을 위로하는 것으로 봅니다. 예언자들은 먼저 사람들의 눈을 뜨게 해 주고, 그들이 취한 잘못된 태도의 결과를 지적해야 합니다. 그러나 사람들을 불행과 절망에 내맡겨서는 안 됩니다. 사람들을 위로하는 것이 그들이 할 일입니다.

오늘날에도 그리스도교 공동체의 예언자적 표지는 사

람들이 함께 살아가면서 위로자이신 하느님의 영을 체험할 수 있게 하고 서로 굳세어지는 것일 겁니다. 나아가 오늘날 우리 사회에서는 그러한 예언자들, 세상은 건강하다며 우리에게 그럴듯하게 꾸며 보이지 않고 세상이 몰락하는 모습을 상상하면서 이에 관해 설교하지 않는 예언자들, 지금 코로나 위기와 기후 위기에 직면한 심각한 상황에서 우리에게 위로와 희망을 전해 주는 예언자들이 필요할 것입니다. 그러한 위로는 힘의 원천이 되고, 우리는 거기서 힘을 길어 내어 이 세상을 위해 봉사할 수 있을 것입니다.

※ 전례

믿음의 뿌리, 교회의 위로

예전에는 부고訃告에서 "(고인은) 교회의 위로를 받았습니다."라는 문구를 빈번히 볼 수 있었습니다. 이 말이 무슨 뜻일까요? 분명한 것은 죽음을 맞이한 이가 홀로 방치되지 않았다는 것입니다. 사제는 그에게 와서 병자성사를 주었습니다. 이로써 사제는 죽음의 문턱을 넘어가는 그를 굳세게 하고 그에게 신뢰를 주었지요. 또는 사목 협력자가 죽어 가는 이의 가족과 함께 임종 자리에서 기도했습니다. 임종하는 이는 자신이 가족과 지인들의 기도에 의해 보호받는다고 느꼈습니다. 그리하여 신뢰에 차서 자신을 하느님의 손에 내맡길 수 있었습니다.

사랑하는 사람이 죽어 가는 모습을 바라보는 것, 고인을 애도하는 것은 우리 안에서 강한 감정을 불러일으킵니다. 이는 우리를 불안하게 만들고, 우리에게서 안정감을 앗아 갑니다. 그러한 상황에서는 특별한 의식이 우리를 든든하게 받쳐 줄 수 있습니다.

의식은 혼란스러운 감정을 정리해 줍니다. 그리고 뒤엉킨 생각들과 감정들을 맑게 해 주지요. 임종하는 이를 동반할 때 치르는 의식과 장례식도 그렇습니다. 의식은 우리가 무질서한 감정과 깊이 빠져 있는 생각들을 정리하게 합니다. 의식은 우리 믿음의 뿌리와도 관계되어 있습니다.

우리 조상들은 이미 수백 년 전부터 장례식이 거행되는 가운데 땅에 묻혔습니다. 그러므로 무덤 옆에서 우리는 홀로 있다고 느끼지 않습니다. 우리에 앞서 세상을 떠난 이들과 연결되어 있음을 감지하고, 그들이 지금 하느님 곁에 있다고 믿습니다. 장례식 때 시편 130편에 나오는 오래되고 귀에 익은 말씀이 봉독되면, 우리는 자신이 위로받는다는 것을 느낍니다.

"주님, 당신께서 죄악을 살피신다면 주님, 누가 감당할 수 있겠습니까? 그러나 당신께는 용서가 있으니 사람들이 당신을 경외하리이다."(시편 130,3-4)

예전에는 성당 경내의 묘지에서 장례식을 거행하기 전에 성당에서 장례 미사, 성찬례를 거행했습니다. 지금도 우리는 사랑하는 사람이 세상을 떠난 것을 계기로 함께 성찬례를 거행합니다. 이 시간에 우리는 예수님의 죽음과 부활을 기립니다. 그것은 희망의 축제입니다.

우리 삶에서 변모되지 못할 것은 아무것도 없습니다. 어둠은 빛에 의해서 밝아집니다. 경직된 것은 생기 넘치는 것으로 변모됩니다. 실패는 새로운 시작으로, 슬픔은 위로로 바뀝니다. 죽음과 부활을 기리는 축제는 이 두 가지가 우리 삶에서 서로 긴밀한 관계가 있음을 보여 줍니다. 죽음 안에 이미 부활의 신비가 있습니다. 바오로 사도는 늘 이것을 체험했습니다.

"우리는 언제나 예수님의 죽음을 몸에 짊어지고 다닙니다. 우리 몸에서 예수님의 생명도 드러내게 하려는 것입니다."(2코린 4,10)

우리가 겪는 고통 속에, 우리가 처한 곤경 속에 이미 우리는 부활하리라는 예감, 우리가 직면한 온갖 난관을 극복하리라는 예감이 들어 있습니다.

성찬례, 성체성사는 죽음과 부활이 함께한다는 것을 다른 방식으로 우리에게 보여 줍니다. 우리는 성찬례를 올릴 때마다 우리 곁을 떠난 고인들을 생각하고, 그들과 연결되어 있음을 기립니다. 하늘과 땅, 산 이들과 죽은 이들의 경계가 허물어집니다. 우리는 지금 하늘에서 그리스도와 함께 영원한 식사를 하는 이들과 함께 성찬례를 올립니다. 그러므로 우리는 성찬례 안에서 죽은 이들과의 경계를 넘어섭니다. 이러한 신앙의 진리를 다른 사람들에게 증명하기는 어렵습니다. 부활에 대한 믿음을 받아들이기를 어려워하는 이들에게는 더욱 그렇습니다.

그러나 저는 교회와 거리가 먼 이들과도 함께 성찬례를

거행하면서 위와 같은 생각이 그들의 마음을 두드린다는 것을 종종 체험합니다. 그들이 부활에 대한 믿음을 지닐 수 없더라도, 이러한 표상들이 그들 안에서 이 믿음을 토대로 살고 싶다는 갈망을 일깨웁니다. 믿음에 대한 갈망 속에 이미 믿음이 있습니다. 우리는 그들에게 이 갈망을 강하게 해 줄 수 있을 뿐입니다.

성찬례 안에 위로를 주는 의식이 있습니다. 위로의 술잔을 드는 의식입니다. 고대 유다인들은 서로 위로의 술잔을 건넸습니다. 예언서에서는 위로의 술잔이 없음을 한탄합니다.

"아무도 죽은 이를 애도하는 상주를 위로하려고 그와 음식을 나누지 않고, 그의 아버지나 어머니를 생각해서 그에게 위로의 술잔을 건네지도 않을 것이다."(예레 16,7)

사제는 예물 준비 때 하느님께 잔(성작)을 올립니다. 우리는 사제의 몸짓에서 우리가 가진 슬픔의 술잔을 하느님께 올린다고 상상해 볼 수 있습니다. 하느님께서 이 슬픔의 술잔을 위로의 술잔으로 바꾸어 주시리라고 바라면서 말이지요. 영성체 때 우리는 위로의 술잔으로 그리스도의 사랑을, 죽음보다 강한 그 사랑을 마실 수 있습니다. 그 안에 부활의 신비가 있습니다. 사랑은 죽음보다 강하다는 것, 사랑은 죽음으로 인해 사라지는 게 아니라 죽음보다 오래간다는 것입니다.

교회에서 거행되는 의식들은 애도 기간에도 위로를 전해 줍니다. 독일에는 누군가 사망한 지 6주가 되면, 이른바 '6주 미사Sechswochenamt'를 거행하는 전통이 있습니다. 이는 애도의 첫 단계가 종결되었다는 것, 희망을 표현합니다. 그러고 나서는 연미사를 바칩니다. 사랑하는 사람이 세상을 떠난 지 1년 뒤에 가족들은 다시 한번 성찬례를 올립니다. 그런 가운데 고인과 연결되어 있음을 느낍니다.

예전에 오버바이에른 지방의 어느 마을에 간 적이 있습니다. 그때 저는 미사 후에 사람들이 성당 경내의 묘지로 가서 친척들이 잠든 곳에 서 있는 모습을 보았습니다. 그렇게 죽은 이들은 잊히지 않습니다. 그들은 가족의 일부로 남아 있습니다. 그리고 죽은 이들은 산 이들에게 위로자가 됩니다.

성령

위로의 영

요한 복음서는 성령을 '보호자parakletos'라고 일컫습니다. 마르틴 루터는 이 말을 '위로자'라고 번역합니다. 라틴어 '파라클레토스parakletos'는 동사 '파라칼레인parakalein'에서 유래한 말로, 이 동사는 '불러들이다, 조력하다, 위로하다'를 의미합니다. 현대의 주석가들은 '파라클레토스'를 '대변자' 또는 '보호자'로 번역합니다.

예수님은 본래의 대변자십니다. 그분은 부활하신 분으로서 지금 하느님의 오른편에 앉아 계시고, 우리 편을 들어주시며, 하느님 옆에서 우리를 대변해 주십니다. 요한 복음서에 따르면, 예수님은 하느님께서 다른 보호자를 보내 주시게 하겠다고 우리에게 약속하십니다.

"내가 아버지께 청하면, 아버지께서는 다른 보호자를 너희에게 보내시어, 영원히 너희와 함께 있도록 하실 것이다."(요한 14,16)

예수님은 하늘에 계신 우리의 대변자십니다. 성령은 여기 지상에서 우리의 대변자시자 위로자십니다. 성령은 우리 곁에 계십니다. 언제나 우리 안에 계십니다. 성령은 우리가 생각하고 느끼는 것을 꿰뚫고 계십니다. 그리고 우리가 환상에 빠져 잘못 바라볼 때마다 우리의 눈을 똑바로 뜨게 해 주십니다. 현실을 있는 그대로 바라보는 것, 그리고 하느님은 모든 것 안에 현존하심을 아는 것이 참된 위로가 됩니다.

그리스도교 전통은 성령을 종종 위로자로 묘사했습니다. 라바노 마우로 복자는 자신의 찬가 〈오소서 성령이여 창조주시여 Veni creator Spiritus〉에서 이렇게 노래합니다.

"오소서, 저희 마음을 돌리시는 위로자시여, 아버지께서 보내신 보호자시여, 생명과 빛, 광채가 흘러나오시는 분이시여, 약한 저희에게 힘과 용기를 주시는 분이시여."

성령 강림 대축일 미사 때에 우리는 스티븐 랭턴*이 1200년에 지은 부속가(성령 송가)를 바칩니다.

"가장 좋은 위로자, 영혼의 기쁜 손님,

저희 생기 돋우소서.

일할 때에 휴식을, 무더위에 시원함을,

슬플 때에 위로를."

독일의 예수회원 알프레드 델프는 나치 당원들에게 체포되어 1945년 2월 2일에 처형되었는데, 감옥에 있을 때 이

● 1150~1228년, 캔터베리의 대주교를 지냈음.

렇게 썼습니다.

"말이 지닌 대수롭지 않고 쓸모없는 의미는 떨쳐 내야 한다. 암울함은 사람들과의 관계나 자신이 처한 현실의 비참함 또는 옹색함에서 생기는 감정과 정신이 직면한 상태다."

그는 진정한 위로는 "암울한 상황에서 값싼 말을 건넬 때에는 싹트지 않는다."라고 합니다. 오히려 위로는 현실을 새롭게 바라볼 때 얻게 되지요. 델프에 따르면, 우리가 곤경에 처한 가운데서도 내적 확신과 내적 안정감을 경험할 때 위로를 받습니다. 그리고 성령께서는 우리가 영혼의 근원과, 굳건한 토대를 찾아낼 수 있는 이 근원과 접촉하게 해 주신다고 말합니다.

언제나 성령은 창조주십니다. 성령께서는 내 안에 새로운 상황을 만들어 주십니다. 그런 다음 내 마음도 움직이시어 다른 사람들에게 새로운 상황을 만들어 주게 하십니다. 내가 그들의 절망 속으로 들어가, 그들의 외로움을 '위로'로,

외로운 사람과 함께 있음으로 바꾸어 놓도록 말이지요.

요한 복음사가는 예수님이 부활하신 후에 제자들에게 당신의 영을 불어넣어 주셨다고 우리에게 전합니다. 그러므로 성령은 예수님의 영이십니다. 예수님과 동일한 생각과 동일한 힘과 동일한 사랑으로 충만한 영이십니다. 그리고 용서의 영이십니다.

"(예수님께서는) 이렇게 이르시고 나서 그들에게 숨을 불어넣으며 말씀하셨다. '성령을 받아라. 너희가 누구의 죄든지 용서해 주면 그가 용서를 받을 것이다.'"(요한 20,22-23)

슬픔은 대체로 자기 비난으로 표현됩니다. 우리가 처한 상태가 안 좋을 때면 대개 부정적인 자기 평가가 지대한 역할을 합니다. 지금 이 모양 이 꼴이 되고 말았다며 자기 자신을 비난합니다. 이런 실수를 저지른 나, 잘못된 결정을 내린 나, 제대로 살지 못하는 나를 도저히 용서할 수 없습니다.

그러므로 참된 위로의 메시지는 온갖 잘못, 온갖 실패, 모든 죄, 모든 무력함, 모든 헛수고에도 불구하고 우리 삶을 무시하는 최후의 말을 하는 게 아니라, 우리가 하느님의 은총 안에 있다는 것입니다. 하느님의 은총 안에서 우리는 그분에게 무조건적으로 받아들여졌음을 느낍니다.

바오로 사도는 이러한 은총 체험을 아름답게 표현합니다.

"우리가 받은 성령을 통하여 하느님의 사랑이 우리 마음에 부어졌기 때문입니다."(로마 5,5)

우리는 단지 하느님께 사랑받는 것에 그치지 않습니다. 그분의 사랑이 우리 안에 부어졌습니다. 그 사랑이 우리 마음을 가득 채웁니다. 우리가 이 말씀을 신뢰하면 위로의 영을 체험하게 될 것입니다. 그렇게 되면 우리는 억지로 사랑하거나 혹은 너무 적게 사랑한다고 양심의 가책을 받지 않으며 다른 사람들을 사랑하게 될 것입니다.

사랑은 우리 안에 있습니다. 사랑이 우리 안에서 흐르기를 바랍니다. 우리가 할 일은 사랑이 다른 사람들에게 흘러들어 가게 하는 것입니다. 그러면 자기 자신을 새롭게 체험하게 됩니다. 새 사람이 되었다고 체험하게 될 것입니다.

맺음말
새로운 힘과 희망

고대 시대에는 고유한 위로 문화가 있었습니다. 임종을 앞둔 이들, 상중喪中에 있는 이들, 유배지로 떠나는 이들, 배우자를 잃은 이들이 위로를 받았습니다. 다른 사람들을 위로하는 이들 중에 먼저 철학자들과 시인들을 꼽을 수 있습니다. 당시 사람들은 자신을 위로하는 기술을 지닌 자만이 다른 사람들을 위로할 수 있다고 확신했습니다.

고대 시대에 다른 사람들을 위로했던 수단으로는 조문, 위로의 편지, 위로의 글이 있었습니다. 음악도 위안을 주는 것으로 여겨졌습니다. 또한 잠, 포도주, 신화, 비교祕敎도 위로의 힘을 주었습니다. 비교 의식을 거행하는 사제들은 참가자들에게 미래의 세상에서는 행복한 삶을 살 것이라고 약속했습니다. 이에 비추어 볼 때, 고대 시대에 위로의 핵심 모티브는 영혼 불멸성에 대한 사고였습니다.

이 책도 저는 일종의 위로의 글로 봅니다. 앞서 언급한 바와 같이, 이러한 위로의 글은 늘 전통 안에 있었습니다. 이 책에서 저는 위로, 위안이 되는 많은 수단을 제시했습니다. 믿음, 이성, 우리의 마음, 많은 사람, 주변의 많은 사물이 오늘날 우리에게 위안을 줍니다.

우리는 일상 세계에서 위안이 되는 것들을 발견할 수 있습니다. 누구나 그러한 방법들을 알고 있습니다. 그러나 자신이 처한 상태가 안 좋으면, 그것을 간과해 버리기 일쑤입니다. 그런 까닭에 이 책에서 우리 영혼의 지혜는 알고 있지만, 우리가 종종 잊는 많은 방법을 상기시키는 것이 저의 관심사였습니다. 이 책이 위로받을 수 있는 구체적인 방법과 위로의 수단에 대해 우리 눈을 다시 뜨게 해 주기를 바랍니다.

독자 여러분! 슬플 때, 외롭고 쓸쓸하다고 느낄 때, 어떤 실수를 저질러서 낙담했을 때, 우울한 감정이 덮칠 때 다시 희망을 발견하시기 바랍니다. 제가 이 책에서 제시한 모든 것이 여러분을 위로해 줄 수는 없을 것입니다. 그러니 여러분에게 자극을 주고 깊이 생각하게 하는 다른 책들도 읽으면서 여러분 영혼의 지혜와 만나 보세요. 그리고 그러한 책들을 통해 지금 이 순간에 여러분을 유익하게 하고 새 힘을 주고 새로운 확신을 줄 만한 생각을 펼치세요. 바로 지금 여러분의 슬픔을 바꾸어 줄 수 있는 것을 단순히 시도해 보세요.

여러분이 직접 위로를 체험하면 다른 사람을 위로할 마음도 강하게 솟구칠 것입니다. 친밀한 사람이 당신과 대화를 나눈 뒤 위로를 받고 떠나간다면, 그것은 당신 자신도 굳세게 할 겁니다. 위로, 위안은 이 불확실한 세상 가운데서 우리 모두에게 든든한 토대를 마련해 줍니다. 이 토대 위에서 우리는 자신을 향해 그리고 다른 사람들과 서로 마주보며 똑바로 설 수 있습니다.

참고 문헌

- Gottfried Benn, *Sämtliche Werke*(Stuttgarter Ausgabe), Bd. 1: Gedichte 1, Stuttgart, 1986("Letzter Frühling": 305).

- Hans Blumenberg, *Beschreibung des Menschen*. Aus dem Nachlass hg. von Manfred Sommer, Frankfurt am Main, 2006.

- Alfred Delp, *Gesammelte Schriften*, hg. von Roman Bleistein, Bd. 4: Aus dem Gefängnis, Frankfurt am Main, 1984.

- Günter Eich, *Fabula rasa. Gedichte und Maulwürfe*, Ditzingen, 1991("Ende eines Sommers": 18).

- Hermann Hesse, *Die Gedichte*, Berlin 4, 1997("Bücher": 434; "Trost": 290).

- Friedrich Hölderlin, *Gedichte*, hg. von Jochen Schmidt, Frankfurt am Main, 1984["Der Necker": 53; "Friedensfeier"(Dritter Ansatz): 161].

- Pablo Neruda, *Das lyrische Werk*, Bd. 3, München, 2009("Ein Hund ist gestorben": 670).

- Connie Palmen, *Logbuch eines unbarmherzigen Jahres*, Zürich, 2013.

- Evagrius Ponticus, *Praktikos. Über das Gebet*, übers. von John Eudes Bamberger und Guido Joos, Münsterschwarzach, 1986(=Evagrius, Gebet).

- Dorothe Sölle, *Den Rhythmus des Lebens spüren. Inspirter Alltag*, hg. von Bettina Hertel und Birte Petersen, Freiburg, 2001("Gib mir die gabe der tränen gott": 61).

- 안셀름 그륀, 《안셀름 그륀의 기적》, 황미하 옮김, 가톨릭출판사, 2020.

- Anselm Grün, *Das Buch der Rituale*, Freiburg, 2016.

- Anselm Grün, *Der Anspruch des Schweigens*, Münsterschwarzach, 1980.

- Anselm Grün, *Das kleine Buch vom guten Leben*, Freiburg, 2005.

- Anselm Grün, *Das große Buch vom wahren Glück*, Freiburg, 2019.

- Anselm Grün, *Was der Seele gut tut*, Freiburg, 2014.

- Anselm Grün, *Die sieben Tröstungen*, Freiburg, 2014.

- David Steindl-Rast, *Staunen und Dankbarkeit*, Freiburg, 1996.

- Hans-Georg Gadamer, *Die Aktualität des Schönen*, Stuttgart, 1997.

- Henri Nouwen, *Von der geistlichen Kraft der Erinnerung*, Freiburg, 1984.

- Nikolaus Harnoncourt, *Die Macht der Musik*, Salzburg/Wien, 1993.

- Ottmar Fuchs, Trösten, Trost, in: *Lexikon der Spiritualität*, Freiburg, 1988.

- Rudolf Walter(Hg.), *Lob der sieben Tröstungen*. Mit Beiträgen von Walter Dirks, Friedrich Heer, Eberhard Jüngel, Dorothee Sölle, Bernhard Welte, Elie Wiesel und Eva Zeller, Freiburg, 1984.

- Rudolf Walter(Hg.), *Mit einem weiten Herzen. Haltungen, die gut tun*, Freiburg, 2005.

- Thomas von Aquin, Summa theologica, Deutsch-lateinische Ausgabe, Bd. 10: *Die menschlichen Leidenschaften*, Heidelberg, 1955.

옮긴이의 말

요즘 사회적 측면에서 볼 때, 장기화되고 있는 코로나 위기와 그에 따른 경제적 위기를 비롯해 주로 실내에만 머무는 탓에 심리적, 정신적으로도 어려움을 겪는 사람들이 많습니다. 개인적 차원에서도 외로움, 슬픔, 고통, 상실, 한계 상황 등으로 인해 힘겨운 나날을 보내는 사람들이 적지 않습니다.

이런 면들에 비추어 보더라도 지금은 무엇보다 위안, 위로가 필요하다는 생각이 듭니다. 다른 사람들에게는 물론 나 자신에게도 말이지요.

이 책에서 저자는 '위안, 위로'를 다양한 관점에서 풀이하고, 이 주제를 신학적, 철학적, 심리학적, 문학적 관점 등에서 조명합니다. 그러면서 이에 대한 우리의 사고 지평을 넓혀 주고, 우리에게 위안이 되는 것들이 무엇인지 구체적으로 제시합니다.

깊은 결속감(친구들의 지지, 진정한 대화, 소속감, 고향 등), 예술(책, 시, 음악, 그림 등), 자연 세계(꽃, 새, 고양이, 개, 강 등), 몸과 영혼에 생기를 주는 것들(운동, 낮잠, 놀이, 포도주 등), 내적 원천의 힘(우는 것, 기억, 순례하기, 유머 등), 기도(고요, 진리, 하느님 등)를 통해 위안을 얻을 수 있다고 합니다.

그리고 저자 자신의 다양한 체험과 영성을 비롯해 성경, 예술, 자연, 구체적인 사물들, 정신적 및 영적 차원 등을 토대로 이 주제를 일관성 있게 또 단계적으로 펼쳐 나가면서 많은 유용한 지침도 줍니다.

위로가 필요한 상황에서는 무엇이 우리 자신에게 실제적인 도움이 되는지, 그리고 다른 사람들에게는 어떻게 해 주고 무슨 말을 해 줄 수 있는지 묻게 됩니다. 저자는 우리가 각자 어렵고 힘든 상황에 대처할 잠재력을 지니고 있다고 말합니다. 그런데 우리는 자신의 가능성을, 잠재된 자원을 자주 잊어버립니다. 우리를 억누르는 것에 고정되어 있기 때문입니다. 저자는 바로 이 점을 일깨워 주면서 위와 같이 일상에서 위안이 되는 것들을 발견하고, "위로받을 수 있는 구체적인 방법들과 위로의 수단들"을 적극 활용하라고 강조합니다.

지치고 힘들 때, 안 좋은 일을 겪을 때 누군가가 건네는 따뜻한 위로의 말은 큰 힘이 됩니다. 영혼을 울리는 감동적인 말을 들었을 때에는 '아, 하느님께서 이 사람을 통해 지금 내게 말씀하시는구나.' 하는 느낌도 들면서 다시 일어설 용기를 낼 수 있을 것입니다. 이처럼 나도 누군가에게 힘과 위로가 되고 또 그런 삶을 살 수 있기를 바라봅니다.

저자는 우리 자신을 위로하는 것도 중요하다고 봅니다. 개인적으로도 공감합니다. 내가 나를 위로하고 마음을 열어야 위로의 방향이 바뀌어 다른 사람들에게로 향할 수 있으니까요. 그러려면 어떤 상황에 처했더라도, 지금 매우 힘든 시기를 보내고 있을지라도 자존감을 잃지 말아야 할 것입니다. 그래야 세상에 하나밖에 없는 나를 사랑할 수 있습니다.

"힘내자!" 하며 자신을 다독이며 격려하거나 자신과 진솔한 대화를 나누는 것도 나를 위로하는 방법일 것입니다. 자신에게 어떤 구체적인 과제를 주고(숲길 걷기, 독서 등), 그 과제를 실행하는 것도 나에게 위로가 될 수 있을 것입니다.

밖으로 나가 따사로운 햇살 아래 서 있을 때에도 위안을 얻게 됩니다. 어떤 사람들은 자연 속을 거닐면서 '힐링' 체험을 하고, 또 어떤 사람들은 특별한 음식을 먹으면서 '힐링' 체험을 합니다. 그들에게 이러한 '나를 위한 힐링'은 위로 체험일 것입니다. 이렇게 위로받으면 마음이 한결 가벼워지고 앞으로 나아갈 수 있을 것입니다.

우리 안에는 서로 위로하고 깊이 연대하기를 바라는 마음이 있습니다. 어떻게 보면 위로라는 것은 함께 느끼는 것, 공감하는 것입니다. 어려움을 겪는 상대방에게 자신의 감정을 내보인다는 뜻이기도 합니다. 경험으로 알듯이, 이는 당사자에게 큰 힘이 됩니다. 이렇듯 위로는 고통 중에 있는 사람, 상처받은 사람을 따뜻하게 감싸는 사랑을 표현하는 것입니다.

이렇게 나 자신을 위로하고, 다른 사람에게 위로가 되며, '위로의 영'이신 하느님께 기대어 위로받으면 좋겠습니다. 우리 신앙인에게는 기도 중에 주님만이 주시는 영적 위로가 있습니다. 성경에 나오는 특별한 말씀, 나아가 구원에 대한 갈망도 우리에게 큰 위안이 될 것입니다.

이 책을 통해 위안에 관해 깊이 생각해 보게 됩니다. 위안, 위로 역시 우리 삶에서 소중한 가치입니다. 어쩌면 나를 살아가게 하는 하나의 힘도 될 것입니다. 각자 마음에 위안을 주는 것들을 찾아내고, 특히 위로가 필요한 이 시기에 서로에게 위로가 되고 힘을 주면서 살아가면 좋겠다는 개인적인 바람을 덧붙여 봅니다.

2022년 초가을

황미하